Willi Hallmann

Ballone und Luftschiffe

im Wandel der Zeit

Von der
Montgolfiere
zum CargoLifter

HEEL

Inhalt

Impressum

HEEL Verlag GmbH
Gut Pottscheidt
53639 Königswinter
Telefon 0 22 23 / 92 30-0
Telefax 0 22 23 / 92 30 26

Internet: www.heel-verlag.de
Email: info@heel-verlag.de

Verantwortlich für den Inhalt: Willi Hallmann

Lektorat: Joachim Hack, Bad Honnef
Satz und Gestaltung: ARTWORK Königswinter
Lithografie: Petra Hammermann, ARTCOM Königswinter
Druck und Verarbeitung: Milanostampa
Printed and bound in Italy

ISBN: 3-89880-013-X

Geleitwort

Es gibt viele Bücher über Ballone und Luftschiffe. Die meisten sind historische Abhandlungen über die Leichter-als-Luft-Luftfahrt. Aber es gibt auch einige wissenschaftliche Werke, die sich mit der Physik dieser Luftfahrtsparte auseinandersetzen. Und es gibt schöne Editionen über die Kunst, in der sich die Faszination der Ballon- und Luftschifffahrt widerspiegelt.
Ich muss gestehen, als mich Herr Prof. Dr. -Ing. Willi Hallmann, mit dem ich seit vielen Jahren einen regen und anregenden Erfahrungsaustausch über technische Fragen der Ballonfahrt haben durfte, in seinen Plan einweihte, ein Buch herauszubringen, in dem alle diese Aspekte berücksichtigt werden sollten, habe ich befürchtet, dass das Buch sehr voluminös oder aber oberflächlich wird. Beides ist nicht geschehen. Das Buch ist unterhaltsam und auch für den Laien verständlich. Aber ich fand darin auch für mich Neues aus der Welt der Ballone und Luftschiffe, obwohl ich über Jahrzehnte als Ballonfahrer, Ballonentwickler und Luftschiffinteressierter aufmerksam alle Entwicklungen auf diesem Gebiet verfolgt habe. Es ist beachtlich, wie liebevoll der Autor, ein Wissenschaftler der Raumfahrttechnik, über Ballone und Luftschiffe berichtet, oft mit einem freundlichen Augenzwinkern zwischen den Zeilen. Nach vielen Jahren der Stagnation und vielen fruchtlosen Diskussionen gab es in den letzten Jahren wieder interessante Neuentwicklungen in der Leichter-als-Luft-Luftfahrt. Der Heißluftballon ermöglichte einen ungeahnten Aufschwung des Ballonsports. In Deutschland genießen jährlich mehr als 80.000 Menschen eine Ballonfahrt als Fahrgäste. Die Prallluftschiffe erfuhren in den USA eine Weiterentwicklung. Seit 1997 fährt erstmals nach ca. 60 Jahren wieder ein Zeppelin Luftschiff und überzeugt durch seine bisher nicht erreichte Manövrierfähigkeit. Am 26. April 2001 erteilte das Luftfahrtbundesamt diesem Luftfahrzeug die Baumusterzulassung, so dass schon bald der Passagierverkehr von der wiedergegründeten Deutschen Zeppelin Reederei aufgenommen werden kann. In Brand bei Berlin errichtete die CargoLifter AG eine riesige Werfthalle, wo gerade mit dem Bau des CargoLifter CL 160 begonnen wird. Dieses Kielluftschiff soll für den Transport schwerer und sperriger Lasten eingesetzt werden. Schließlich wird in den Niederlanden an einer Konzeption von starren Luftschiffen Zeppelin'scher Bauart gearbeitet. Über alle diese Entwicklungen wird aktuell berichtet.

Ich wünsche diesem Buch viel Erfolg und den Lesern viel Spaß und Anregung bei der Lektüre.

Wolfgang von Zeppelin

Mai 2001

Meiner Frau, meinen Töchtern
und den Enkelkindern gewidmet

Danksagung

Danken möchte ich all jenen, die mir bei den Vorbereitungen zu diesem Buch geholfen haben:

Gerd Buslei, Bonn · Fa. CargoLifter AG, Berlin-Brand · Fa. GEFA-FLUG, Aachen · Dr. Rolf Haupt, DLR-Köln · Haus der Geschichte der Bundesrepublik Deutschland, Bonn · Ralf Kramer, Herzogenrath · Luftfahrtbundesamt, Braunschweig · Musikhaus Döblinger, Wien · OHB-Systemtechnik, Bremen · Rolf Riedl, Hagen · Erich Schröder, Bergisch-Gladbach · Elisabeth Sieger, Lorch/Württ. · Fa. Stötzer, Herrenberg · Paul Wider, Stuttgart · Theodor Wüllenkemper, Fa. WDL, Mühlheim · Fa. Wörner GmbH, Augsburg Wolfgang von Zeppelin, Lichtenwald

Meine Töchter Isabel Sistemich und Susanne Kramer haben mich bei der Durchsicht und dem Layout des Manuskripts sehr unterstützt und waren unentbehrliche Mitstreiter.

An dieser Stelle möchte ich mich auch auf einfache und aufrichtige Weise bei meinen früheren Assistenten Uwe Herrmann und Engelbert Plescher von der Fachhochschule Aachen, sowie Frau Lehnen und Herrn Elsen von der Firma Montgolfiera, Aachen, für ihr Jahre langes Engagement in Sachen Aerostaten bedanken.

Schließlich danke ich dem Heel Verlag für das Vertrauen.

Willi Hallmann
Herzogenrath, Oktober 2001

Einleitung

Ballone und Luftschiffe haben - seit sie am Himmel zu sehen waren - die Menschen immer fasziniert, sieht man von den militärischen Aktivitäten einmal ab.

Die „Eroberung der Luft" mit Ballonen, die 1783 begann, hat mit dazu beigetragen, dass sich das Bewusstsein der Menschen verändert hat. So heißt es in einer Beschreibung, zu dem Bild eines unbekannten Malers, das die „Auffahrt" am 9. Oktober 1786 von Jean Pierre Blanchard (1753-1809) im Gasballon über Aachen darstellt[1]: „Das Bild mit dem Ballon über Aachen, der das bisher alles dominierende Oktogon des Marienstifts übersteigt, symbolisiert geradezu das aufklärerische Zeitalter. Der Verstand des Menschen erhält den Vorrang vor dem Glauben."/1/

Aber nicht nur für Maler, sondern auch für die Karikaturisten, Dichter und Modemacher waren Ballone und Luftschiffe beliebte Motive. Im Sport und in der Wissenschaft, zum Transport von Personen und Waren, zur Werbung, etc. wurden und werden sie eingesetzt.

Das letzte Jahrhundert wird von zwei Ereignissen eingerahmt, die irgendwie als Eckpfeiler für die „Leichter als Luft"-Technik anzusehen sind: Am 2. Juli 1900 erfolgte der erste Start des Zeppelin-Luftschiffes LZ 1 von Friedrichshafen am Bodensee aus, der die einmalige Geschichte der Zeppelin-Ära einleitete, die aber leider tragisch mit dem Luftschiff LZ 129, der „Hindenburg", 1937 in Lakehurst endete.

Am 27. März 1999, rechtzeitig vor dem Ende des Jahrhunderts, gelang es Bertrand Piccard und Brian Jones, ein großes Abenteuer in der Reihe der Expeditionen und Pioniertaten zur Eroberung des Erdballs zu vollenden. Sie umrundeten die Erde in einer Nonstop-Fahrt mit einem Heißluft-/Gasballon.

Auch zu Beginn des 21. Jahrhunderts bleibt die Beschäftigung mit Ballonen und Luftschiffen ein faszinierendes Thema. In den letzten 30 Jahren haben die Heißluftballone und Heißluft-Luftschiffe international eine nicht voraussehbare Entwicklung genommen. An der Schwelle des nächsten Jahrtausends wird in Deutschland ein Transportluftschiff durch die CargoLifter AG geplant, konzipiert und gebaut, das neue Dimensionen im Transportwesen darstellt. Es soll Lasten von 160 Tonnen und mehr über Strecken bis zu 10.000 km befördern. Hierfür entstand die derzeit größte Luftschiffhalle in Brand (Brandenburg). 1996 wurde eine Aktiengesellschaft gegründet, und wie es sich darstellt, scheinen die Menschen im Transportluftschiff eine neue Möglichkeit der Geldanlage zu sehen.

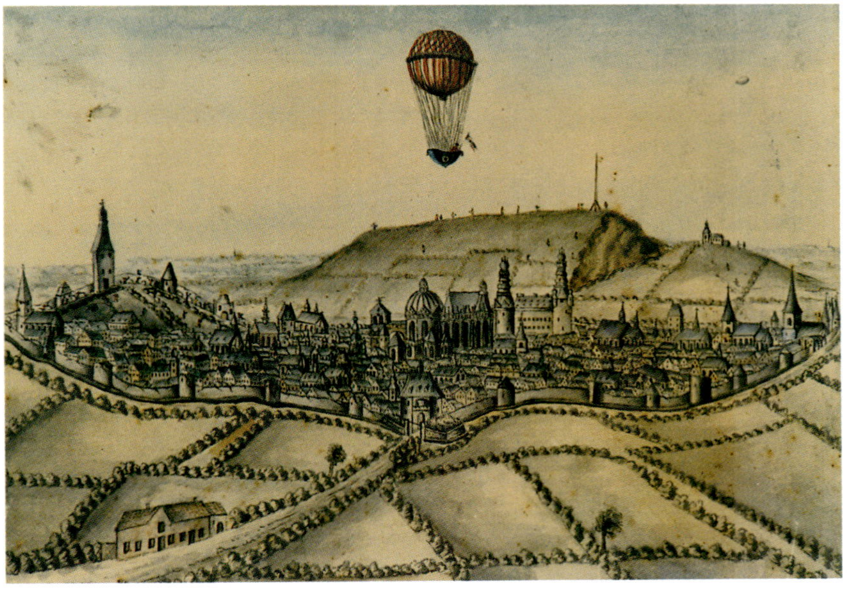

Bild 1: Jean Pierre Blanchard im Gasballon über Aachen. Es handelt sich um ein Aquarell mit Goachefarben. Foto: Susanne Kramer

1: Das Aquarell befindet sich im Museum der Burg Frankenberg in Aachen.

1

Warum fahren Ballone und Luftschiffe?

Wer sich mit Ballonen und Luftschiffen auch nur Interesse halber beschäftigt, wird sich zunächst fragen - soweit er nicht bereits über die Kenntnis der physikalischen Zusammenhänge verfügt -, warum ein solches Fluggerät fährt bzw. fliegt?[2] Sehr schön kann man beim Start von Ballonen beobachten, wie sie ohne motorischen Antrieb in die Höhe steigen. Ballone und Luftschiffe unterliegen aerostatischen Gesetzen, man nennt sie deshalb auch AEROSTATEN. Aerostaten sind Hohlkörper, die mit einem „leichten Gas" gefüllt sind. Sie benötigen zum Aufstieg ein Medium, eine Umgebung, in der sie „Umgebungsmasse" verdrängen können. Das Wort Luftschiff sollte man so verstehen, wie es ursprünglich verstanden sein wollte, nämlich als ein Schiff, das in der Luft „schwimmt". Ein Aufsteigen ist dann gegeben, wenn folgende Randbedingung erfüllt ist: die Tragkraft muss größer als die Gewichtskraft sein. Sowohl für das Schiff auf dem Wasser, als auch für das „Schiff" in der Luft gilt das physikalische Gesetz von Archimedes (285-212 v.Chr.). Hiernach wird ein Gegenstand um soviel leichter, wie er an Umgebungsmasse (Luft, Wasser) verdrängt. Da im „Weltall" und somit im erdnahen Weltraum Vakuum („Luftleere") herrscht, können dort keine Aerostaten betrieben werden.

Die Auslegung der Ballongröße lässt sich sowohl über den Dichteunterschied als auch über die vertikale Druckverteilung im Inneren der Hülle berechnen.

Die Auslegung der erforderlichen Ballon- bzw. Luftschiffgröße über den Dichteunterschied

Beim Aufstieg von Ballonen und Luftschiffen muss das Füllgas - wie Wasserstoffgas, Helium, Stadtgas oder erwärmte Luft von ca. 80-120 °C - in der Hülle eines Ballons oder Luftschiffes immer von geringerer Dichte sein, als die Luft, die die Hülle umgibt. Der Dichteunterschied zwischen Füllgas und Umgebungsluft ist ein Maß für die Wirksamkeit der Tragkraft.

Der größte Dichteunterschied liegt bei evakuierten Hohlkörpern vor. Aus Stabilitäts- und Gewichtsgründen sind diese jedoch nicht einsetzbar.

Zum Vergleich: Bei Annahme einer gewichtslosen Hülle von 1 m^3 Volumen, beträgt der Dichteunterschied bzw. die Tragkraft der Hülle in Luft bei 15 °C und 1 Atm (H=0):

Wasserstofffüllung	1,14 kg/m^3 bzw. ~11,2 N
Heliumfüllung	1,06 kg/m^3 bzw. ~10,4 N
Stadtgas, Leuchtgas	0,63 kg/m^3 bzw. ~ 6,2 N
heiße Luft (100 °C)	0,291 kg/m^3 bzw. ~2,85 N

(Die Luftdichte bei 15 °C und 1 Atm beträgt 1,22 kg/m^3)

Die Wirksamkeit der Tragkraft nimmt aber ab, je höher ein Ballon oder ein Luftschiff steigt und je wärmer die Umgebungslufttemperatur ist. Hierzu ein Beispiel: Die Tragfähigkeit von Aerostaten geht in 1000 Meter Höhe pro m^3 Traggas bei Helium auf 9,4 N und bei Heißluft (100 °C) auf 2,67 N zurück.

Besteht zwischen der Traggastemperatur (TGT) und der Umgebungstemperatur (UT) ein Temperaturunterschied von z.B. 10 °C, so verändert sich die Tragfähigkeit um 3,5%. Ist die TGT höher als die UT, erhöht sich die Tragkraft, ist die UT höher als die TGT, sinkt die Tragkraft, vergl. hierzu auch das Kapitel 7.3.2/11/.

Das Bild auf der nächsten Seite zeigt einen Größenvergleich von kugelförmigen Ballonhüllen mit unterschiedlichen Traggasfüllungen (Heiß-

2: Man spricht bei Ballonen vom Fahren, da dieser Begriff vor ca. 230 Jahren aus der Schifffahrt abgeleitet wurden.

luft, Helium, Wasserstoffgas und Vakuum), die eine Masse von 670 kg auf 4000 m Höhe transportieren sollen.
In Höhen von 20 und 30 km ist die Tragfähigkeit von Aerostaten annähernd nur noch 1/35stel gegenüber der an der Erdoberfläche. Wie bereits erwähnt, sind auf dem Mond und im Weltraum - wo ein Vakuum herrscht - keine Ballon- und Luftschiffaktivitäten möglich. Bei Planeten mit atmosphärischer Umgebung, z.B. Mars (CO_2), wurden bereits Ballonlandungen für Experimente erfolgreich durchgeführt. Höhenforschungsballone erreichen heute Prallhöhen von 70 km. Ihr Volumen beträgt dann zwischen 500.000 m³ und einer Million m³.

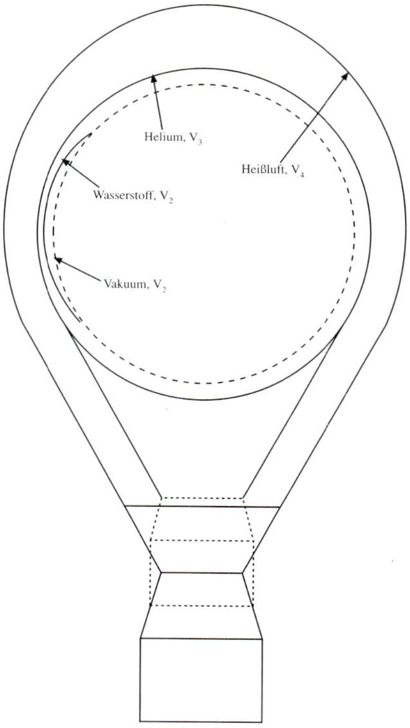

Flughöhe: 4000 m
p_a= 0,62 bar
T_a= 262 K
T_i= 368 K

Ballonvolumen:
V_1 = 818m³
V_2 = 880m³
V_3 = 950m³
V_4 = 2.840 m³

Gesamtmasse:
m = 670 kg

Bild 1-1
Größenvergleich von Ballonhüllen mit unterschiedlicher Traggasfüllung.

Bild 1-2:
Verformte Heißluftballonhülle; durch eine Windboe beim Aufrüsten verursacht. (Der Versuch diente einer wissenschaftlichen Untersuchung. Foto: Herbert Joca)

Die Auslegung der Ballongröße über die vertikale Druckverteilung auf die Ballonhülle

Diese Methode führt, wenn auch wesentlich aufwändiger, zum selben Ergebnis wie bei der Berechnung über die Dichteunterschiede. Sie wird aber dann verlangt, wenn Ballone und Luftschiffe dem Wind ausgesetzt sind, wie z.B. am Seil gehaltene Fesselballone oder gegen den Wind fahrende Luftschiffe. Bei diesen Einsätzen muss gewährleistet sein, dass der Hülleninnendruck größer als der äußere statische und dynamische Luftdruck ist.

Auftrieb und Vakuum

Welche Wirkung hat der Luftdruck auf die in der Atmosphäre schwebenden Gegenstände? Den Auftrieb, welchen in der Luft schwebende Körper erfahren, kann man mit einem Gerät, Baroskop genannt, nachweisen. Das Gerät besteht aus einem Traggerüst und einer darüber gestülpten, abnehmbaren Glasglocke, die evakuiert werden kann. Montiert man auf dem Traggerüst eine Waage mit gleich langen Balken, die an dem einen Ende eine große dünnwandige Kupferkugel, an dem anderen Ende ein kleines Bleigewicht trägt, so werden

unter gewöhnlichen Verhältnissen, das heißt in Luft, die beiden Lasten im Gleichgewicht stehen, d.h. der Balken steht horizontal. Stülpt man aber die Glasglocke über die Apparatur und evakuiert die Luft aus der Glocke, so sieht man den Balken sich sehr bald zu der Seite der Kupferhohlkugel neigen, siehe Bild 1-3a/b.
In Wirklichkeit wog also die Kupferhohlkugel mehr als das Bleigewicht. In der Luft ist dieser Gewichtsüberschuss nicht sichtbar, da die Kugel eine größere Menge Luft verdrängt als die kleinere Bleimasse und folglich einem größeren Auftrieb unterliegt als jene. Entfernt man die Hebelwaage aus dem zu evakuierenden Raum unter der Glasglocke und bringt einen schlaffen zugebundenen Kinderballon hinein, so wird sich dieser während des Evakuierungsvorganges, durch die Restluft im Balloninnern bedingt, aufblähen. Das Prinzip ist das gleiche wie beim Aufstieg eines Stratosphärenballons.

Bild 1-4: Die fliegende Barke des Jesuitenpaters Francesco Lana (1670).

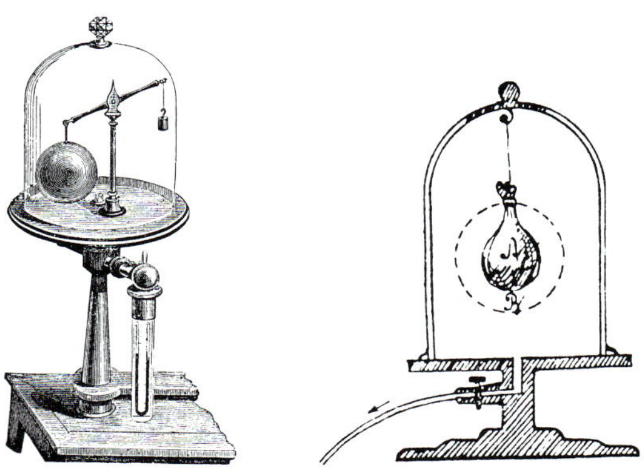

Abb. 1-3a: (links), Abb. 1-3b: (rechts)

Der Effekt der günstigen Tragfähigkeit evakuierter Kupfer-Hohlkugeln wurde von dem Jesuitenpater Francesco Lana bereits richtig erkannt. Lana konnte jedoch von den gewaltigen Druckverhältnissen der Luft auf seine Behälter noch nichts wissen. Dennoch wies er darauf hin, dass die Luft von allen Seiten gleichmäßig auf die Kupferkugel drückte. Im Jahre 1670 veröffentlichte er seine Ideen, die entscheidende Voraussetzungen für die Erfindung des Ballons waren.

Thomas Zacharias schreibt in seinem Buch „Empor zu Wind und Wolken“ unter anderem über Cyrano de Bergerac (1619-1655), der mit „Tau gefüllten Glasphiolen“ unter Einwirkung von Sonnenstrahlen aufsteigen wollte; er sei ein Phantast, aber ein kluger Kopf dazu. Er war ein Märchenerzähler, doch beruhten seine Märchen auf eigenen Beobachtungen und Folgerungen. Ersetzen wir seine Glasvasen durch eine Tafthülle und der Heißluftballon war erfunden. So begann sich der Traum vom fliegenden Menschen langsam zu verwirklichen. Die Geschichte der Eroberung der Luft ist ein Gemisch aus Sehnsucht, Kühnheit, Phantasie und exakter Forschung.

Bild 1-5:
Cyrano de Bergerac, beim Versuch mit „Tau gefüllten Glasvasen" am Gürtel, der unter Einwirkung von Sonnenstrahlen verdampft und ihn - wie die Wolken am Himmel - in die Lüfte und zum Mond tragen sollen.

2

Die Anfänge der Ballonfahrt um 1780

Die Menschen waren auf der Suche nach Lösungen, sich in die Lüfte zu erheben. Sie besaßen noch keine ausreichenden physikalischen und meteorologischen Vorkenntnisse, um gezielt das Problem zu lösen. Experimente unterstützten das Verständnis der Forscher. Die Erfindung des Luftballons ist kein glücklicher Zufall, sie ist das Resultat einer planmäßigen, über Jahrhunderte andauernden gemeinschaftlichen Arbeit vieler Forscher.
England war auf dem besten Wege, den Luftballon zu erfinden, als aus Frankreich die Nachricht kam, dass am 5. Juni 1783 zu Annonay eine Maschine in die Luft gestiegen sei. Der Ruhm der Erfindung gebührte den Gebrüdern Montgolfier.

Viele Anekdoten ranken sich um die Erfindung des Luftballons. In Frankreich wird erzählt, dass man die Erfindung Madame Montgolfier zu verdanken habe. „Diese Dame hatte ein Unterröckchen waschen lassen, welches sie an einem Festtage zur Kirche anziehen wollte. Das Waschen geschah etwas spät und das Unterröckchen wurde auf einem Gestell in der Nähe eines Ofens getrocknet. Da geschah es, dass das trockene gestärkte Röckchen plötzlich durch die warme Luftströmung empor gehoben wurde. Madame Montgolfier teilte dieses überraschende Ereignis ihrem klugen Gemahl mit und dieser wußte es zu deuten und baute seine Montgolfiere."
Nicht alle Anekdoten sind geschichtlich wahr, und so verhält es sich auch mit dieser. Es hieße den Ruhm der Erfinder schmälern, wenn man behaupten wollte, dass sie ihre Erfindungen durch einen Zufall gemacht hätten.

Die Montgolfiers waren seit altersher berühmte Papierfabrikanten und ihre in Annonay gelegene Fabrik hatte den Titel einer Königlichen Manufaktur. Die Brüder lebten in glücklichen Vermögensverhältnissen und konnten sich wissenschaftlichen Studien widmen. Nicht der aufgeblähte Unterrock, sondern die „eilenden Wolken" am Himmel veranlassten die Brüder Montgolfier zur Erfindung des Luftballons. Sie wollten 1782 künstliche, am Himmel daherziehende Wolken machen und füllten deshalb große dünne Papiersäcke mit „Rauch". Da dieser Rauch natürlich warm war, hatten die Papierballons eine große auftreibende Kraft.
Die wichtigsten Meilensteine der ersten Ballonaufstiege sind in der folgenden Zeittafel erfasst:

- Die Gebrüder José Michael und Jacques Etienne Montgolfier ließen am 5. Juni 1783 in Annonay ihren ersten mit warmer Luft gefüllten Ballon (auch Montgolfiere genannt), der einen Durchmesser von 11,37 Meter hatte, aufsteigen.
- Professor César Charles und die Gebrüder Robert versuchten in Paris den Montgolfier'schen Versuch mit dem 1766 entdeckten Wasserstoffgas nachzuahmen. Es gelang ihnen am 27. August 1783, einen Ballon von 3,9 Metern Durchmesser aufsteigen zu lassen. Die Hülle bestand aus einem gummibestrichenen Seidenballon. Sie wurden dadurch zu den Erfindern des Gasballons, auch Charliere genannt.
- Am 19. September 1783 startete eine 17 Meter hohe Montgolfiere mit drei Tieren (Hammel, Hahn und Ente) an Bord, vor 130.000 Zuschauern und König Ludwig XVI., von Versailles aus.

Bild 2-2:
Landung der Charliere am 1. Dez. 1783

- Am 21. November 1783 war Start und Landung des ersten bemannten Heißluftballons mit Marquis D'Arlandes und Pilâtre de Rozier. Die heiße Luft wurde durch Verbrennen von Stroh erzeugt, die Fahrtdauer betrug 25 Minuten.
- Am 1. Dezember 1783 fand die zweite bemannte Fahrt in einer Charliere (Gasballon) mit Zwischenlandung statt. Flughöhe 3000 Meter. Vom damaligen Geist der Ballonpioniere zeugt folgendes Beispiel...: Prof. Charles bittet vor dem Start Etienne Montgolfier, einen kleinen Ballon zur Bestimmung der Windrichtung aufsteigen zu lassen mit den Worten: „Ihnen, mein Herr, gebührt es, uns den Weg in den Himmel zu öffnen. Denn Sie haben das Glück gehabt, uns den Weg vorzuzeichnen".
- Am 7. Januar 1785 überquerte der erste Gasballon vom Startplatz Dover in England den Kanal mit dem Franzosen Jean-Pierre Blanchard und dem Amerikaner Dr. Jeffries an Bord nach Calais, Frankreich. Sie landeten nur mit der Unterhose bekleidet, da sie jeglichen Ballast aus Gewichtsgründen über Bord werfen mussten.
- Am 15. Juni 1785 schlug der Versuch fehl, mit einer Roziere (Kombination von Gas- und Heißluftballon, die aber über dem Kanal verunglückte) von Calais nach Dover zu fahren (Pilâtre de Rozier und Pierre Romain wurden beim Absturz getötet).

Der Luftschiffer Blanchard trat danach einen Triumphzug um die halbe Welt an. Seine Ballone stiegen u.a. in Frankfurt, Berlin, Aachen auf, in Warschau und Prag, in Wien, Basel und Philadelphia (USA). Er löste einen wahren Ballonrummel aus. Die Menschen trugen Ballonkleider, Ballonfrisuren und Ballonhüte, sie aßen Torten in Ballonform und parfümierten sich mit „Eau de Aérostat".

Bild 2-1:
Montgolfiere (Heißluftballon), Start am 21. Nov. 1783

3

Traggase leichter als Luft

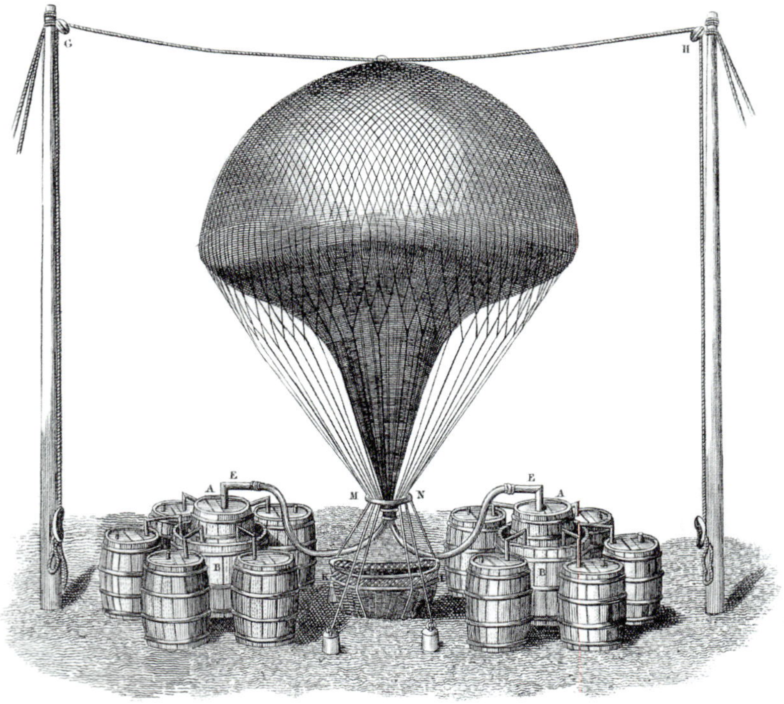

Bild 3-1: Dieser Stahlstich aus der Schweinfurter Gravuranstalt zeigt den Füllvorgang bei Gasballonen.

Die angehenden Luftfahrer hatten schon vor der Ära der Gebrüder Montgolfier (1783) erkannt, dass das Sich-Lösen vom Erdboden durch Erzeugen von Vakuum bzw. durch das Einbinden von Wasserstoff, heißer Luft oder Rauch möglich schien. 1709 stellte der Jesuitenpater Bartholomeu Laurenço de Gusmão seiner Majestät dem König von Portugal, Johann V., einen Heißluftapparat vor. Das Gefährt war gefüllt „mit einem gewissen brennbaren Stoffe“. Hierbei muss es sich um erwärmte Luft - Heißluft - gehandelt haben. Dabei wurde die Umgebungsluft z.B. mit Stroh oder Papier erwärmt und in das Innere des Hohlraumes der Ballonhülle geleitet. Der Auftriebseffekt lässt nach, wenn sich die heiße Luft abkühlt. Die heutigen Heißluftballone verwenden Propangas in Flaschen, das über leistungsfähige Brenner mit 2,4 MW Leistung die Umgebungsluft auf ca. 120 °C erwärmt und gezielt in die Hülle geleitet wird (Dichte von Luft bei 120 °C und 1 bar → 0,88 kg/m^3). Die Fahrtdauer richtet sich nach dem Propangasvorrat im Korb.

Wasserstoffgas
(Dichte bei 0 °C und 1 bar → 0,089 kg/m^3)

1766 entdeckte Henry Cavendish (1731-1810) das Wasserstoffgas, das spezifisch leichter als Luft ist. Die Herstellung von Wasserstoffgas erfolgt durch chemische Reaktion von Säure und Metall, z.B. von Eisen oder Zink mit verdünnter Schwefelsäure. In der Regel dauerte es Tage, bis die Gasmenge für den Füllvorgang der Hülle zur Verfügung stand. Dazu benötigte man zehn Zentner Eisenfeilspäne und fünf Zentner Schwefelsäure. Das Wasserstoffgas war nicht gereinigt und ätzende Säurereste beschädigten u.a. die Hüllenmaterialien und erschwerten die erste Luftbildfotografie (siehe auch Kap. 14.1).

Zur Zeit der napoleonischen Kriege kamen Gasballone als Freiballone und Fesselballone mehr und mehr zum Einsatz. Das Pulver war aber dem Heer zunächst wichtiger als alle Flugversuche.
So wurden während der Revolutionskriege im letzten Jahrzehnt des 18. Jahrhunderts große Anforderungen an Ballon und Betreuer gestellt. U.a. wurde den Luftschiffern zur Bedingung gemacht, für die Erzeugung des notwendigen Füllgases keine Schwefelsäure zu benutzen, weil der Schwefel - woraus die Schwefelsäure gewonnen wird - zur Herstellung von Pulver benötigt wurde.

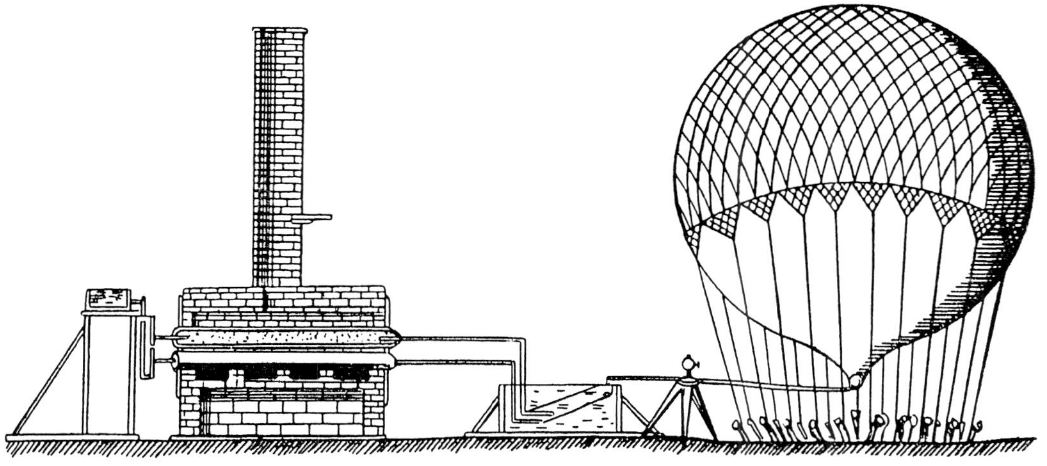

Bild 3-2:
Stationäre Wasserstoffgas-Erzeugungsanlage mit Gasreinigung um 1794.

Bild 3-3:
Gasfüllung während eines Manövers. Holzstich von E.Hosang um 1890.

Bild 3-4:
Gasflaschenlager für die Befüllung des britischen Kriegsluftschiffes R34. Das Tuch war vermutlich mit „Bleizucker" getränkt, um gasundichtigkeiten zu entdecken.

Die Gewinnung von Wasserstoffgas aus Wasserdampf war bereits durch den Chemiker Lavoisier (1743-1794) entdeckt worden. Coutelle - Hauptmann im Generalstab der Französischen Armee und Leiter der Luftschiffkompanie - wandte nun dieses Verfahren an. Eisenfeilspäne wurden in Öfen bis zur Weißglut erhitzt und mit Wasser behandelt. Das im Prozess entstehende, gereinigte Wasserstoffgas wurde der Ballonhülle zugeführt. 40-50 Stunden dauerte der Erzeugungsprozess /2/. Im Bild 3-2 ist eine stationäre Anlage von 1794 zu sehen. Etwa 100 Jahre später (1890) wird in einem Holzstich von E. Hosang (Bild 3-3) der damals übliche Vorgang einer Gasballonbefüllung im Manöver dargestellt. Gezeigt wird die Luftschifferabteilung der deutschen Armee. Das Bild darunter gibt eine ungefähre Vorstellung von der benötigten Gasmenge, wenn sie ersatzweise in Flaschen abgefüllt werden musste. Es zeigt das Riesenlager von Gasflaschen für die Nachfüllung des R34 Luftschiffes in Amerika. R34 war die Bezeichnung für das englische Kriegsschiff, das im Juli 1919 erstmals den Atlantik in beide Richtungen überquerte. Es war 201 m lang, hatte 57.000 m³ Traggasvolumen und 19 Gaszellen, wog leer 21 Tonnen und konnte 25 Tonnen Nutzlast tragen. (Anmerkung: Das weiße Tuch über dem Flaschenberg ist wahrscheinlich mit „Bleizucker" getränkt, um Gasundichtigkeiten zu erkennen, vergl. auch Kap. 6 (Quelle: Luftpost, Illustrierte Wochenschrift für Luftverkehr, 17. August 1919, III Jg., Nr. 33.))

Im Übrigen gelang es bereits 1880, Wasserstoff in Stahlzylindern zu komprimieren, was eine viel schnellere Füllung des Ballons ermöglichte. Eine Wasserstoff-Gasflasche von 35 l entwickelt, unter einem Überdruck von 150 bar, ein Volumen von 5,3 m³ bei Atmosphärendruck (1 bar).

Bild 3-5:
Aufstieg einer der ersten Luftballone im Garten „an de Hof" in Den Haag, NL, am 11. Dezember 1783. Gravüre von B. Mourvicle.

Die Zeppelin-Fahrzeuggesellschaft in Friedrichshafen gab 1909 eine Wasserstoff-Gasanlage und einen Gasometer von 20.000 m³ Fassungsvermögen in Auftrag, um sich vom Betrieb der Wasserstoff-Gasflaschen unabhängig zu machen.

Steinkohlengas (Leuchtgas)
(Dichte bei 0 °C und 1 bar → 0,59 kg/m³)

Was weniger bekannt ist und in der einschlägigen Literatur nicht beschrieben wird, ist die Entdeckung des Steinkohlengases, auch Leuchtgas genannt oder als Stadtgas bekannt. 1783 gibt der Herzog van Arenberg te Heverlee (Brüssel) u.a. an J.P. Minckelers (1748-1824) den Auftrag, brennbare Gase für die Ballonfahrt zu finden. Anlass dazu war die Gasballonfahrt mit Wasserstoffgas von Charles und den Gebrüdern Roberts in Paris. Es gelingt J.P. Minckelers, am 15.10.1783 Leuchtgas aus Magerkohle (Anthrazit) herzustellen. Im November 1783 und Januar 1784 erfolgten erste Ballonversuche in Heverlee und Den Haag.

Helium
(Dichte bei 0 °C und 1 bar → 0,178 kg/m³)

Während heutzutage nur noch in Deutschland die Gasballone mit Wasserstoffgas (H_2) gefüllt werden dürfen, müssen alle gefesselten und lenkbaren Luftschiffe mit Helium(gas) gefüllt sein. Helium (He) ist ein Edelgas und somit unbrennbar. 1895 wurde es im Labor als neues Element entdeckt. Die Dichtedifferenz zu Luft ist unwesentlich kleiner als die von Wasserstoffgas. Der Preis gegenüber Wasserstoffgas ist ca. 16 mal höher, (1 m³ Helium kostet z.Z. ca. 8 bis 10 DM bzw. 4 bis 5 €). Union Carbide (USA) bereitete Anfang 1900 den Weg zur Großproduktion von Helium aus Erdgas. Seit diesem Zeitpunkt wurde Helium als Traggas bei militärischen Luftschiffen eingesetzt.
Eine Wasserstoffgas- bzw. Heliumfüllung in den Gaszellen unterliegt auf Dauer einer Verunreinigung, die dadurch bedingt ist, dass ein Teil des zunächst reinen Gases durch die Außenhaut der Zellen, bzw. des Hüllenmaterials hindurch diffundiert und das hierfür ebensoviel Luft (O_2, N_2, H_2O) in die Gaszellen eindringt. Das bis dahin reine Traggas verschlechtert damit seine Auftriebskraft. Auch ein Gasgemisch von 80 % He und 20 % H_2 ist noch unbrennbar und würde sich als Traggas eignen. Aufgrund der Molekül-/Atomstruktur (Massenzahl von H_2 = 2, von He = 4, d.h. ein Wasserstoffmolekül ist kleiner als ein Heliumatom) hat Helium ferner den Vorteil, dass es wesentlich langsamer durch eine Gashülle diffundiert als Wasserstoffgas (vergl. auch Kap. 6). Die Bestimmung der Gasdurchlässigkeit erfolgt übrigens nach DIN 53380.

Bild 3-6: Stahlplastik eines Gasballons, Standort vor der Universität in Leuven (B), die 1988 anlässlich des 240.Geburtstages von Jan Pieter Minckelers, dem Erfinder des Leuchtgases (15.10.1783) errichtet wurde. Erster Einsatz von Leuchtgas bei Gasballonen.

Bild 3-7:
Ballonaufstieg im Zoo
„... Er hat an der Gasflasche gerochen...

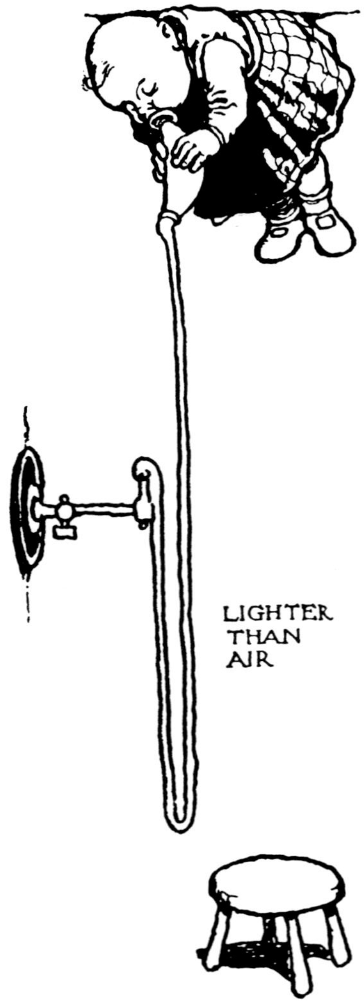

Zur Veranschaulichung: Ein Luftschiffer von 100 kg Gewicht braucht etwa 14 kg Wasserstoff bzw. 30 kg Helium, um sich mit einem „einfachen" Ballon mit einem Volumen von 180 m^3 zu erheben. Verwendet er bei der Fahrt He als Traggas, muss er auf 16 kg Sandballast gegenüber Wasserstoff als Traggas verzichten. Die Gesamttragfähigkeit bei einer H_2-Füllung liegt bei 205 kg.

Natürlich wurde das physikalische Prinzip „leichter als Luft" auch von Zeichnern begierig aufgenommen, wie die Beispiele auf dieser Seite zeigen. In Paris wurden von der allgemeinen Balloneuphorie nicht zuletzt die geschäftstüchtigen Kupferstecher erfasst, die sofort entsprechende Sujets erstellten und bis zu 1000 Kopien verkauften. Witze jeglicher Art kursierten in der Stadt, und nicht einmal den Zöllnern – als Mitglieder einer der ältesten Berufsgruppen – blieb mitunter beißender Spott erspart...

Bild 3-8:
Alternative Möglichkeiten zur Benutzung von Leuchtgas - ... schon als Baby hoch hinaus. /3/

Bild 3-9: Dudelsackspieler in Hochstimmung

Bild 3-11: Spottbild, eine Kiste mit Montgolfieren (Heißluftballone) und Charlieren (Gasballone) auf dem Zollamt.

Bild 3-10: Drastisches französisches Spottbild von 1783 über die nicht sachgerechte Nutzung von Klistierspritzen...

4 Die technische Entwicklung der Luftschifftypen

Otto Lilienthal (1848-1896) hat in seinem Buch „Der Vogelflug als Grundlage der Fliegekunst“ (1889) den Ballon als Hindernis für die Entwicklung des eigentlichen Fliegeproblems bezeichnet. Für ihn stellte die 100-jährige Luftballonentwicklung ein Hemmnis dar, das Fragestellungen zu aerodynamischen Flugphasen unterbunden hat.
Auch Sir George Cayley (1773-1875) gab dem Ballon keine Zukunftschancen. Er und Lilienthal waren der Ansicht, dass sie, hilflos den Winden ausgesetzt und deshalb nicht steuerbar, keine Perspektiven böten. Durch Sir George Cayley wurden übrigens die ersten Gedanken zum dynamischen Flug (schwerer als Luft) formuliert.
Es war nun naheliegend, die Gasballone (Heißluftballone traten bei den französischen Ballonenthusiasten mehr und mehr in den Hintergrund) mit einem entsprechenden Motor zum Antrieb von Propellern zu versehen, die den Vorwärtsflug ermöglichten und mit einer beweglichen Steuerruderfläche die Fahrtrichtung ändern konnten. In der damaligen Literatur werden sie als Kraftballone bzw. lenkbare Ballone bezeichnet. Im Französischen nannte man diese steuerbaren „Ballone“ dirigeable, im Englischen dirigible.
Vor ca. 110 Jahren war die Lenkbarkeit von Luftschiffen ein wichtiges Thema. „Die Illustrirte Zeitung“ schrieb am 6.10.1888 dazu im Beitrag „Der gegenwärtige Stand der Luftschiffahrt“: „...Die einen glauben noch immer, die Schwierigkeit sei nicht so groß, es bedürfe nur eines genialen Einfalls, um einen lenkbaren Luftballon zu schaffen. Wer so denkt, dem fehlt es dann auch bald nicht an einem Einfall“. Hunderte Projekte wurden vorgelegt, darunter eine große Anzahl von Ideen, die längst als unbrauchbar erkannt worden waren.

Bild 4-1: Das von Petin im Jahre 1850 vorgeschlagene Luftschiff aus vier aneinander gefügten Gasballonen. Mit Handkraft sollten die Turbinen für den Vortrieb betätigt werden.

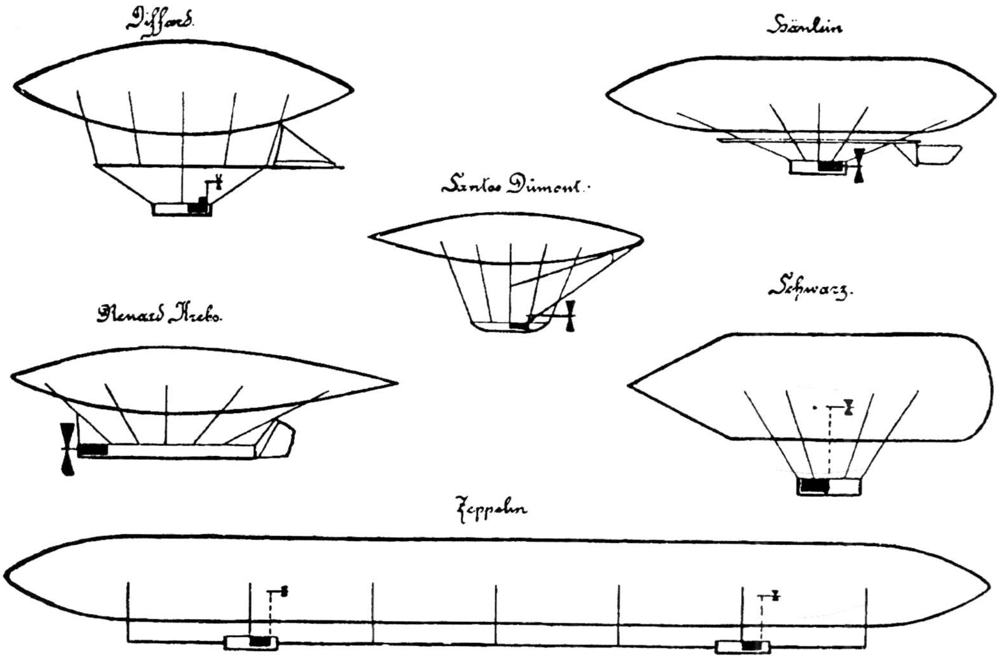

Bild 4-2:
Die Hüllen (Rümpfe) verschiedener Ballonsysteme in gleichem Maßstab gezeichnet, nach Prof. Wellner. (Quelle:/4, Bd. 2, S. 162)

Hierzu weiter die „Illustrirte Zeitung": „Im Gegensatz zu denen, die bei der Lösung des Flugproblems nur an das Ei des Columbus denken, bestreiten andere und selbst Männer, die auf anderen technischen Gebieten einen bedeutenden Namen haben, rundweg die Möglichkeit, lenkbare Ballons herzustellen.

Weder die eine noch die andere Meinung trifft das Richtige; beide beweisen nur, dass ihre Vertreter aus der Sache niemals ein ernstes Studium gemacht haben. Die Lenkbarkeit des Luftballons ist nicht allein möglich, sondern es ist auch bereits mehr als eine Construction gefunden, die das Problem gelöst hat; allein der praktische Werth dieser Construction ist sehr unbedeutend, denn die mit denselben erreichbare Geschwindigkeit der Ballons ist so gering, dass die letzteren nur bei Windstille oder bei ganz schwachem Winde eine beliebige Fahrtrichtung einhalten können. Sobald der Wind auch nur etwas stärker wird, hört also die Lenkbarkeit auf."

Bild 4-3:
Erstes Manöver von deutschen Militär-Kraftballonen über Köln im Jahre 1909 (2x Parseval, 1x Zeppelin, 1x Groß).

4

Name, Zeit und Ort	Abmessungen des Ballons				Motor			Motorgew. für 1 HP. G:N in kg	Ballonquerschn. für 1 HP. F:N in qm	Treibschrauben			Fluggeschwindigkeit c in Sek./m	Anmerkung
	Länge L in m	Durchmesser D in m	Querschnitt F in qm	Inhalt I in cbm	Gattung	Eff. Pferdestärken N	Motorgewicht G in kg			Anzahl	Durchmesser in m	Touren pro Minute		
Giffard 1852 Paris	44	12	113	2500	Dampfmaschine und Kessel	3	150	50	38	1	3,4	110	3?	Die Versuche missglückten, Leuchtgasfüllung
Hänlein 1874 Brünn	50,4	9,2	66,5	2400	Lenoir-Gasmaschine	3,6	233	65	18,5	1	4,6	90	4,5?	Der Ballon kam nicht in die Höhe. Leuchtgasfüllung
Renard-Krebs 1884 Meudon	50,4	8,4	55,4	1860	Elektromotor mit Batterie	9	504	56	6,15	1	7	60	5-6	Der Ballon machte mehrere gelungene Flüge, Wasserstoffgasfüllung
Wölfert 1896 Berlin	34	10	78,5	1456	Elektromotor mit Batterie	9	360	40	8,7	2	3,5	360	5?	Der Motor war zu schwer
Wölfert 1897 Berlin	28	8,5	56,7	875	Daimler-Gasmotor	6	108	18	9,3	2	2,5	500	5?	Verunglückte durch Verbrennen am 12. Juni 1897
Schwarz 1897 Berlin	47,5	12/14	132	3700	Daimler-Benzin-Motor	12	505	42	11	2	2	480	4?	Der Querschnitt war elliptisch, die Ballonhülle aus Aluminiumblech. Der Ballon zerschellte beim ersten Aufstieg.
Santos-Dumont Nr. III 1899 Paris	20	7	38,4	500	De-Dion-Bouton-Motor	3	45	15	13	1	0,8	900	3?	Der Motor war zu schwach
Zeppelin 1900 Bodensee	128	11,66	107	11.000	2 Daimler-Motoren	30	450	15	601	4	1,15	1100	5?	Die Angaben über die Fluggeschwindigkeit sind sehr verschieden
Santos-Dumont Nr.VI 1901 Paris	34	6,5	33,2	550	Petroleummotor	16	160	10	2,1	1	4	21	7-8	Der Ballon hatte ein luftgefülltes Ballonett von 60-70 ccm und errang durch den Flug um den Eifelturm am 19. Okt. 1901 den Preis von 100.000 Franken
Severo 1902 Paris	30	12	113	2000	2 Benzinmotoren	16 24	320	8	2,8	2	4	?	?	Verunglückte durch Verbrennen am 10. Mai 1902
Stanley Spencer 1902 London	22,5	6	28,3	566	Benzinmotor	6	90	15	3,5	1	2,5	150	6?	Auffahrt am 19. Sept. 1902 über London weg

Name, Zeit und Ort	Abmessungen des Ballons				Motor			Motorgew. für 1 HP. G:N in kg	Ballonquerschn. für 1 HP. F:N in qm	Treibschrauben			Fluggeschwindigkeit c in Sek./m	Anmerkung
	Länge L in m	Durchmesser D in m	Querschnitt F in qm	Inhalt I in cbm	Gattung	Eff. Pferdestärken N	Motorgewicht G in kg			Anzahl	Durchmesser in m	Touren pro Minute		
Bradsky 1902 Paris	34	6	28,3	850	Büchet-Motor	16	160	10	1,77	1	4	350	?	Der Ballon hatte eine Hubschraube, drehte sich deshalb u. verunglückte am 13.Okt.1902
Brüder Lebaudy 1903 Paris	56	9,8	75,4	2284	Daimler-Motor	40	320	8	1,9	2	2,8	1000	8,5?	Aufstieg im Nov. 1902. Luftballonett 10 cm groß
Santos - Dumont Nr. IX 1903 Paris	19	5,5	23,8	260	Clement-Motor	3	15	5	7,9	1	?	?	?	Projekt eines Zwergballons für 1 Mann
Deutsch de la Meurthe 1903 Paris	60	8	50,3	2100	Mors-Motor	63	370	5,87	0,8	1	7	180	11?	Das Projekt erscheint günstig

Tabelle 1: Automobile Ballone mit Motor und Propeller (Quelle: Illustrirte Aeronautische Mitteilungen, VII. Jg., Juli 1903, S. 229)

4

4.1 Die geometrische Form der Außenhülle

Bild 4-4:
Luftballon mit Seitenruder der Gebrüder Tissandier

Bild 4-5:
Im Detail wird die Gondel mit integriertem Elektromotor und Propeller gezeigt. Vorlage für den Holzstich von 1880 war eine Fotografie.

Die geometrische Form der Außenhülle muss nach unseren heutigen Erkenntnissen im Hinblick auf Minimierung der Antriebsleistung und Maximierung der Fahrgeschwindigkeit auch in folgendem Zusammenhang gesehen werden: Die Lenkbarkeit ist abhängig von der Fahrgeschwindigkeit und Letztere von der Antriebsleistung des Luftschiffes.
Durch die selbst erzeugte Fahrgeschwindigkeit der Luftschiffe wird auf der einen Seite die Lenkbarkeit möglich, auf der anderen Seite treten aber aerodynamische Widerstandskräfte auf, die u.a. quadratisch mit der Geschwindigkeit steigen und mit der dritten Potenz der Geschwindigkeit die Motorleistung „verzehren". Anders formuliert: Eine doppelt so schnelle Fahrt erfordert eine achtfach stärkere Motorleistung!
Die Widerstandskräfte werden maßgeblich durch die Geometrie (Form, Gestalt) der Außenhülle inklusive Anbauten des Luftschifffahrzeugs bestimmt. Es war also naheliegend, eine „günstigere Geometrie" als die Kugelgestalt für die Anströmung des Ballonkörpers - auch Rumpf genannt - zu finden.
Im Folgenden werden Projekte vorgestellt, die von närrischen Überlegungen bis zu ernsthaften Versuchen reichen, die aber alle ihren Platz in der Entwicklungsgeschichte der Luftschiffe haben.
Ein anschauliches Beispiel für den Pragmatismus der damaligen Zeit liefert uns 1850 Petin. Er schlägt ein Luftschiff vor, das aus vier aneinander gefügten Gasballonen besteht.
Die auf Bild 4-2 dargestellten Hüllenformen verschiedener Ballonsysteme sind detailliert in Tabelle 1 beschrieben und umfassen den Zeitraum von 1852 bis 1903. Die einzelnen Luftschifftypen zeigen fast immer die gleiche Bauart, einen länglichen, manchmal zugespitzten (spindelförmigen) - „damit er die Luft leichter durchschneide" - mit Traggas gefüllten Ballonkörper (Anmerkung: Die Hülle des Luftschiffes von David Schwarz bestand aus Aluminium und war somit starr). Darunter befand sich ein Langge-

Bild 4-6:
Ein Projekt des Franzosen Gabriel Yon. Dargestellt ist ein großer Schnelldampfballon (1888).

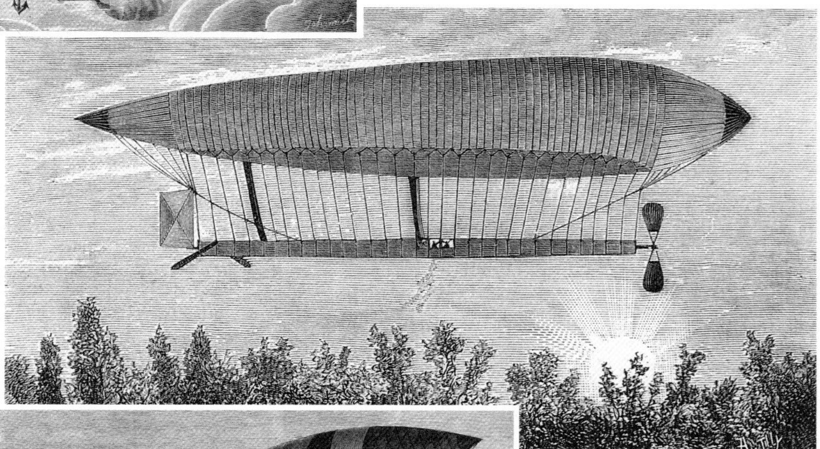

Bild 4-7:
Luftschiff von Renard und Krebs (Holzstich um 1880). Ein Elektromotor wirkt, angetrieben von Batterien, auf Propeller; die Kraftableitung vom Rumpf erfolgt über Seile zur Längsgondel.

Bild 4-8:
General Thayers Dampfluft-Kriegsschiff (Holzschnitt um 1880). Die Kraftableitung erfolgt hier über breite Bänder und Seile zur Längsgondel.

rüst mit Gondel für die Insassen. Die Gondel war zudem mit einem leichten, kräftigen Motor zum Antrieb von Propellern ausgestattet. Die Gebrüder Tissandier bauten 1888 in Paris einen kleinen Kraftballon von 9,2 m Durchmesser und 28 m Länge, der durch eine Siemens'sche Dynamomaschine und eine Batterie von Bichromat-Elementen eine gewisse Lenkbarkeit und überdies eine Geschwindigkeit von 13 km/h erreichte.

Bei ruhiger Luft erzielte man Fahrgeschwindigkeiten von 18 bis 36 km pro Stunde. Individuelle Vorrichtungen wurden angewandt, um die Hülle mit der Gondel bzw. dem Gerüst zu ver-

binden, so z.B. durch Seile, Netze, Gurte, etc.. Abbildungen von zwei Holzstichen (ca. um 1880) zeigen in eindrucksvoller Weise ausgeführte Konstruktionslösungen zu dieser Problematik, siehe Bilder 4-7 und 4-8.
Die Auftriebskraft wird bekanntlich durch mit Traggas (Leuchtgas bei Giffard und Haenlein, Wasserstoffgas bei den anderen) prallgefüllte Hüllen mit Luftsack erzeugt. Der Luftsack, das sog. Ballonett, wird mit Luft aufgeblasen. Er wurde bereits 1793 von dem französischen General Meusnier (1754-1793) als ein Grundprinzip lenkbarer Kugelballone vorgestellt. Das Ballonett hat die Aufgabe, bei Veränderung des Traggasvolumens (bedingt durch Druck-, Temperaturänderungen und Diffusion) die Außenhülle stets prall zu halten. Die Hülle des Traggases ist mit einer Anzahl von Ventilen versehen, um bei einem bestimmten Überdruck dem Platzen der Hülle vorzubeugen. Die Außenhülle war Gas- und Wetterhülle zugleich. Die typische aerodynamische Hüllenform der späteren Zeppeline war noch nicht „erfunden".
In einem Vortrag über „Die lenkbaren Ballons" machte Prof. Wellner 1903 die wenig optimistische Schlussbemerkung: „Automobile Ballons werden stets unvollkommen sein, ihre Zukunft ist nahezu aussichtslos!" Er belegte seine Aussagen mit theoretischen Gleichungen zur Antriebsleistung. Studiert man die Ergebnisse - Erfolge und Misserfolge - aus Tabelle 1 im Zeitraum von 1852 (Giffard-Luftschiff) bis 1903 (Santos-Dumont Luftschiff Nr.9), so war diese Prognose durchaus nachvollziehbar.
Hierzu passt auch ein Zitat des Motorenherstellers Gottlieb Daimler an den Grafen von Zeppelin: „Jetzt schon halten sie mich für einen Narren, wo ich doch nur Straßenfahrzeuge bauen will. Wenn ich ihnen sage, dass ich Luftfahrzeuge fabrizieren möchte, werden sie mich für gemeingefährlich halten". Trotz allem verstärkt sich zwischen 1903 und 1912 allgemein das internationale Interesse an den Luftschiffen, und im Laufe der Luftschiffentwicklung tauchten drei unterschiedliche Konstruktionsprinzipien auf, die alle mehr oder weniger erfolgreich verwirklicht wurden.

4.2 Luftschiff-Konstruktionen

Zum besseren Verständnis werden im Folgenden die klassischen (Fach-)Begriffe zu den konstruktiven Luftschifftypen vorgestellt. Neben den drei unten genannten gibt es auch noch Mischformen.

Prallluftschiffe

a) Unstarre, d.h. die äußere Form der elastischen Hülle wird lediglich durch den Innendruck des sich verändernden Traggasvolumens (z.B. durch Druck- und Temperaturschwankungen hervorgerufen) erhalten.
b) Halbstarre, sie haben in der Regel mindestens ein Ballonett, das die Volumenschwankungen des Traggases kompensiert, so dass die äußere Hülle, der Rumpf, immer prall bleibt, ohne zusätzliche Einbauten. Der Betriebsdruck des Traggases, an der Unterseite des Tragballons gemessen, beträgt 15-35 mm WS. Bei den frühen Konstruktionen hing die Langgondel unter dem Rumpf und wurde durch Seile mit der Hülle verbunden.

Starrluftschiffe

Sie besitzen kein Ballonett. Man unterscheidet zwei Arten:
a) Die Hülle besteht aus einem festen Material (Metall, z.B. das Aluminium-Luftschiff von Schwarz mit 0,1 mm Wandstärke) oder
b) man schließt die Traggashülle in eine gitterförmige Konstruktion ein und überdeckt sie mit leichtem Stoff. Man erkauft sich den Vorteil der größeren Sicherheit durch den Nachteil von Mehrgewicht.

Kielluftschiffe

Sie stellen eine Mischform dar und haben einen ähnlichen Aufbau wie halbstarre Prallluftschiffe. Zusätzlich wird die Stabilität durch einen sog. Kielträger deutlich erhöht. Ein Kielträger kann eine Gitterbalken-Rohrkonstruktion oder ein Kompaktträger sein, die/der in die Unterseite des Rumpfes integriert ist und zur besseren Krafteinleitung von großen Lasten dient.

4.2.1 Prallluftschiffe

Die unstarren und halbstarren Prallluftschiffe (heute Blimps genannt) verkörpern die älteste Luftschiffbauart. Sie wurden von der Fa. Good Year/USA für Militär-Luftschiffe im zweiten Weltkrieg weiterentwickelt und stellen die Grundlage aller heute betriebenen Prallluftschiffe für Forschungs- und Werbezwecke, Touristikfahrten, etc. dar (vergl. hierzu auch Kap. 11 und Kap. 13).

Als problematisch erweist sich bis heute das Anbringen von Traglasten einschließlich Gondel, da ein nicht optimal verteiltes Gewicht leicht zu einem „Knick" in der Hülle führen kann. Gondelgitterkonstruktionen bzw. die Längsgondeltechnik sind hier erfolgreich eingesetzte Lösungsansätze. Sehr ausführliche Informationen zu diesem Thema hat Prof. Kleinheins in seinem Aufsatz „Wie man versuchte, Prallluftschiffe starr zu machen" zusammengestellt. /5/

Hauptrepräsentant der halbstarren Luftschiffe in Deutschland war der Parsevaltyp, benannt nach seinem Erfinder Major August Parseval (1861-1942). Bereits 1893 baute er zusammen mit Hans Bartsch von Sigsfeld (1861-1902) Drachenballone, die vom deutschen und schweizerischen Militär als Fesselballone für Aufklärungsaufgaben eingesetzt wurden und ihre Vorläufer in den gefesselten Kugelballonen für militärische Beobachtungen hatten, die 1794 in Frankreich hergestellt worden waren. Mit den Erfahrungen der Drachenballone legte er seine ersten Entwürfe für ein lenkbares Luftschiff im Jahre 1902 vor. 1906 wurde das erste Parseval-Luftschiff fertiggestellt und in Berlin vorgeführt (Volumen 2300 m³, Steighöhe 1000 m). Aus militärischer Sicht bestand deren Vorteil darin, dass sie komplett auf zwei je vierspännige Pferdewagen zum Überlandtransport verladen werden konnten und bei nicht zu ungünstigem Wetter in wenigen Stunden unter freiem Himmel betriebsbereit waren. Die Hülle hatte eine zylindrische Gestalt und war mit zwei Ballonetts versehen. Die in Bild 4-9 abgebildete Zeichnung zeigt das Parseval-Luftschiff PIII (Typ B, 1909) mit 6500 m³ Inhalt und zwei Motoren von je 100 PS. Die Fahrgeschwindigkeit betrug 50-55 km/h. 1908 wurde die Luft-Fahrzeuggesellschaft GmbH gegründet, die die Parseval-Luftschiffe in Bitterfeld herstellte. Bis 1918 wurden 27 halbstarre Prallluftschiffe gebaut. Der Vollständigkeit halber sei darauf hingewiesen, dass 1911 der erste Aufstieg des damals größten unstarren Prallluftschiffes der Welt, des „Siemens-Schuckert"-Lenkballons, mit einem Volumen von 13.500 m³ erfolgte.

1993 wurde von der Firma „Zeppelin Luftschifftechnik GmbH" in Friedrichshafen das Projekt Zeppelin Neue Technologie (NT) ins Leben gerufen. Der Prototyp LZ NT erhielt im August 2001 die Zulassung (Volumen ca. 8200 m³, Länge 75 m). Das Luftschiff wird als halbstarr definiert mit einem starren Gerippe. Die Hülle wird durch den Überdruck des Traggases (5 mbar) und durch die

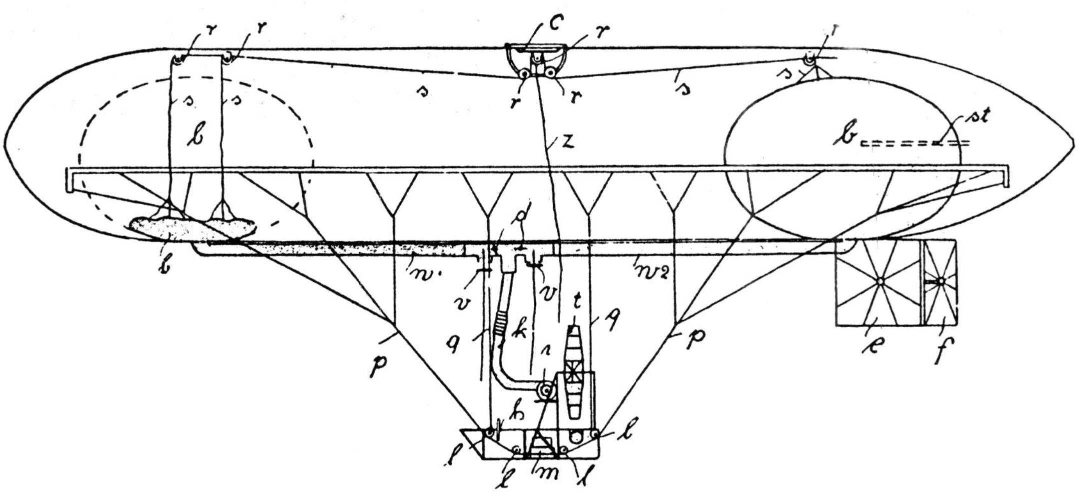

Bild 4-9: Parseval-Ballons mit Ballonett und Längsgondelstruktur /4/, Bd.2.

Bild 4-10:
Das Mehrzweck-Luftschiff LZ HNT 07 der Zeppelin Luftschifftechnik GmbH, Neue Technologie. /6/ Foto: Zeppelin NT

Ballonetts in Form gehalten. Der Zeppelin NT 07 (07 ist eine Werksbezeichnung und beruht auf dem ursprünglichen Anfangsvolumen von V=7000 m^3) besitzt eine über die ganze Länge gehende dreieckige Tragstruktur aus Kohlefaser-Verbundwerkstoffen, an der alle Baugruppen wie Antriebe, Gondel, Leitwerke etc. befestigt sind. Die starre Struktur übernimmt weitgehend alle statischen und dynamischen Kräfte und Momente. Sie entlastet somit die mit Helium gefüllte Hülle, d.h. bei Abfall des Innendrucks bleibt die äußere Gestalt erhalten.

Das Luftschiff hat 12+2 Sitzplätze. In der Gesamtmasse von 8 Tonnen sind 1,8 Tonnen Zuladung enthalten. Die maximale Geschwindigkeit beträgt 126 km/h, die maximale Flughöhe liegt bei 2400 m. Weitere Informationen hierzu finden sich in Kapitel 11 dieses Buches.

4.2.2 Starrluftschiffe

Der Ingenieur David Schwarz (1850-1897) baute das erste starre Luftschiff. Es bestand aus einer starren Struktur, die mit einem dünnen, 0,2 mm dicken Aluminiumblech „gasdicht“ verkleidet war. Das Luftschiff hatte ein Volumen von 3700 m^3 und drei Propeller, die von einem Daimler-Motor mit 12 PS angetrieben wurden. Am 3. November 1897, 10 Monate nach Schwarz‘ Tod, wurde das Luftschiff bei der Landung völlig zerstört.
Ferdinand Adolf Heinrich Graf von Zeppelin (1838-1917) hatte sich seit 1873 mit Luftschiffplänen beschäftigt. Ausschlaggebend für sein weiteres Engagement war wohl der berühmte Vortrag von Heinrich von Stephan (gest. 1897) über Weltpost und Luftschifffahrt, der am 24. Januar 1874 in Berlin gehalten und veröffentlicht wurde (vgl. Kap. 10). Graf Zeppelin hatte bis zur Verwirklichung seiner Vorstellungen viele Kämpfe durchzustehen, u.a. mit der „Kaiserlichen Kommission“. 1895 meldete er ein Patent über einen „lenkbaren Luftzug“ an. Das Patentamt reihte seinen Antrag in die Patentkategorie 77 für Sport und Spiele ein - dies sagt viel über die Bedeutung aus, die man der Luftschiffahrt damals gab. /7/
1899 gründete Graf Zeppelin eine „Gesellschaft zur Förderung der Luftschiffahrt“, die ihm die finanziellen Mittel (800.000 Mark) zum Bau des ersten Starrluftschiffes, der LZ 1, verschaffte. Am 2. Juli 1900 stieg das Starrluftschiff über dem Bodensee auf. Der Flug dauerte 18 Minuten. Die äußere Gestalt bestand aus einem zylindrischen Aluminiumgerippe. Der Gaskörper wurde von einer Reihe von hinter- und nebeneinander liegenden „Ballonen“ (Zellen) gebildet, die vom Strukturgerüst umfasst wurden. Die Hüllen der Gaszellen bestanden aus der sog. Goldschlägerhaut (siehe Kap. 6). Die sichtbare gelbe Außenhaut diente der aerodynamischen Verkleidung des Aluminiumgerüstes. Höhenruder und Stabilisierungsflächen am Heck wurden erst später erfunden. Für damalige Verhältnisse waren die Abmessungen ungeheuer groß (128 m lang; 11,7 m Durchmesser; 11.500 m^3 Volumen; 2 Motoren à 3 PS; Fahrgeschwindigkeit 7,5 m/s).

Somit kann man sagen, dass vor genau 100 Jahren, mit dem Beginn des 20. Jahrhunderts, das erste lenkbare Starrluftschiff erfunden wurde. Starrluftschiffe waren außerhalb Deutschlands nicht populär. Bis 1918 konkurrierten die halbstarren Pralluftschiffe von Parseval erfolgreich mit den Zeppelinen.
1909 wurde von dem renommierten Schiffsbauer Prof. Johann Schütte (1873-1940) und dem Großindustriellen Dr. Karl Lanz (1873-1921) die Firma „Luftschiffbau Schütte-Lanz“ zum Bau von Starrluftschiffen gegründet. Am 17.10.1911 fand die erste Fahrt des SL1 in Berlin statt. Damit erweiterte sich der ohnehin verbissene Wettbewerb innerhalb der Starrluftschiff-Konstrukteure. Bis 1918 wurden 22 Schütte-Lanz-Luftschiffe gebaut.
Die Schütte-Lanz (SL) Luftschiffe verwendeten im Unterschied zu allen anderen Konstruktionen Espenholz als Strukturbaustoff und zeichneten sich u.a. in ihrem äußeren Erscheinungsbild durch die Einführung einer geometrischen Form als Körper geringsten Luftwiderstandes aus, was bei gleicher Motorleistung höhere Fahrgeschwindigkeiten erlaubte. So wird man beim Vergleich von SL- und LZ-Luftschiffen erkennen, dass die Hüllengeometrie der SL-Luftschiffe auf die Zeppelin-Luftschiffe übergegangen ist. /9/
Die Allgemeinheit hat erst in den letzten Jahren von dem großen Einfluss des Luftschiffbaus Schütte-Lanz auf die Entwicklung der Starrluftschiffe Kenntnis bekommen. Dies hat

Bild 4-11: Das Duell zwischen Starr und Halbstarr. /8/ Die Karikatur von Th. Th. Heine lässt erkennen, wie „groß“ die Zuneigung der Protagonisten Zeppelin und Parseval füreinander war.

seinen Grund wohl hauptsächlich darin, dass Starrluftschiffe während des 1. Weltkrieges als strenges Kriegsgeheimnis behandelt wurden. Leonhard Adelt beschreibt in seinem Buch über den Luftschiffkapitän Ernst A. Lehmann /2/ die Luftschiffeinsätze von LZ 98 und zwölf weiteren Luftschiffen des Heeres und der Marine im September 1916 über London, die großen Schaden anrichteten: Eins der deutschen Luftschiffe wird abgeschossen und verbrennt. Bei den Löscharbeiten der Engländer am Absturzort in Cuffley, einem Vorort von London, fand man nicht das erwartete Duraluminium-Strukturgerüst, sondern nur verkohltes Holz. Man schloß daraus, dass den Deutschen das Aluminiummaterial ausgegangen sei. Die Genugtuung war indes nur von kurzer Dauer, denn die Sachverständigen klärten darüber auf, dass das Luftschiff kein Zeppelin war, sondern ein Schütte-Lanz, dessen Starrgerüst aus Holz bestand. Bei dem verbrannten Luftschiff handelte es sich um das SL11 mit dem Kommandanten Schramm.

Der Einsatz von Luftschiffen wurde im Kriegsjahr 1918 als nicht mehr „effizient" angesehen. Die Luftschiffe (halbstarre Prall- und Starrluftschiffe) waren den Flugabwehrkanonen und den Flugzeugen nicht mehr gewachsen, zu viele wurden abgeschossen. Das Luftschiff war als Waffe letztlich uninteressant geworden, weil es, um weniger verwundbar zu sein, für immer größere Fahrthöhen konstruiert werden musste, was nicht zuletzt immer größere Abmessungen bedingte. So steigerte sich das Ballonvolumen von 20.000 m³ auf 35.000 m³, dann auf 55.000 m³. Die letzten Kriegsluftschiffe hatten einen Gasanteil von 68.500 m³ und erreichten Höhen von 7000 m. Beim letzten Bombeneinsatz in London am 5. August 1918 wurde aber auch LZ118 abgeschossen. /8/

Allgemein können Starrluftschiffe in sehr großen Abmessungen gebaut werden, z.B. hatte das Luftschiff LZ 130, GRAF ZEPPELIN II, ein Volumen von 200.000 m³ und eine Länge von 245 m. Diese Bauart ist mit hohen Kosten verbunden und das Eigengewicht ist relativ zur Nutzlast höher als beim Prallluftschiff.

4.2.3 Kielluftschiffe

Kielluftschiffe eigneten und eignen sich immer noch auf Grund ihrer Konstruktion wesentlich besser zum Transport von großen Lasten als die frühen (1880-1919) Prallluftschiffe. Die Franzosen und Italiener favorisierten besonders diese Bauweise. In Deutschland bevorzugte man dagegen die Starrluftschiffe, bei denen allerdings ein Kielträger als Laufgang zwischen den Gondeln fungierte.

Das vom italienischen General und Luftfahrtpionier Umberto Nobile (1885-1978) konstruierte Luftschiff ITALIA gehörte zur Kategorie der Kielluftschiffe. Es hatte eine Länge von 104 m und ein Volumen 15.950 m³ und wurde für die Nordpol-Expedition im Mai 1928 gebaut und eingesetzt (vergl. Kap. 7.3).

Wenn auch das Zeitalter der Zeppeline als Kontinente verbindendes Verkehrsmittel trotz mancher Bemühungen vorbei ist, so gibt man dem neuen Projekt CargoLifter CL 160 als fliegendem Kran eine große Zukunft auf dem Sektor Spezialaufgaben, z.B. Schwerlasttransporte. Es wurde 1996 von der Firma CargoLifter AG initiiert. Bei diesem Projekt wurde erstmals in Deutschland die Konzeption eines halbstarren Kielluftschiffes ohne Gitterkonstruktion unter der Hülle gewählt. Dies bedeutet aus der Sicht der CargoLifter-Konstrukteure, dass zu Gunsten des Gesamtgewichtes auf eine kreisförmige oder dreieckige

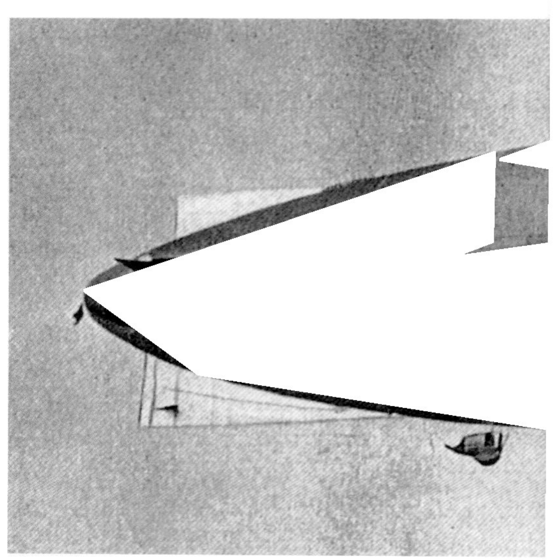

starre Struktur von der Nase bis zum Heck verzichtet wird. Der aus Kohlefaserelementen bestehende Kiel dient zur Krafteinleitung und Verteilung aller Massenkräfte und Momente einschließlich der Nutzlastmasse. Die gesamte Gashülle ist gleich Wetterhülle und orientiert sich an der klassischen Methode amerikanischer Blimps./10/ Sie ist nicht in einzelne Zellen unterteilt.

Der sich in der Entwicklung befindliche CL 160 hat ein Volumen von ca. 550.000 m³ und eine Länge von 265 m. Die Nutzlast soll, so ist geplant, bei 160 Tonnen liegen. Bei einer Hüllenoberfläche von ca. 65.000 m² und einem angenommenen Hüllenflächengewicht von ca. 1 kg/m² wird alleine die Hülle 65 Tonnen wiegen. Die Schwierigkeit besteht darin, die auftretenden statischen und dynamischen Kräfte zum allergrößten Teil über die Hülle auf den Kiel abzuleiten.

Zu dieser generellen Problematik wurde bereits im September 1909 in den „Illustrirten Aero-

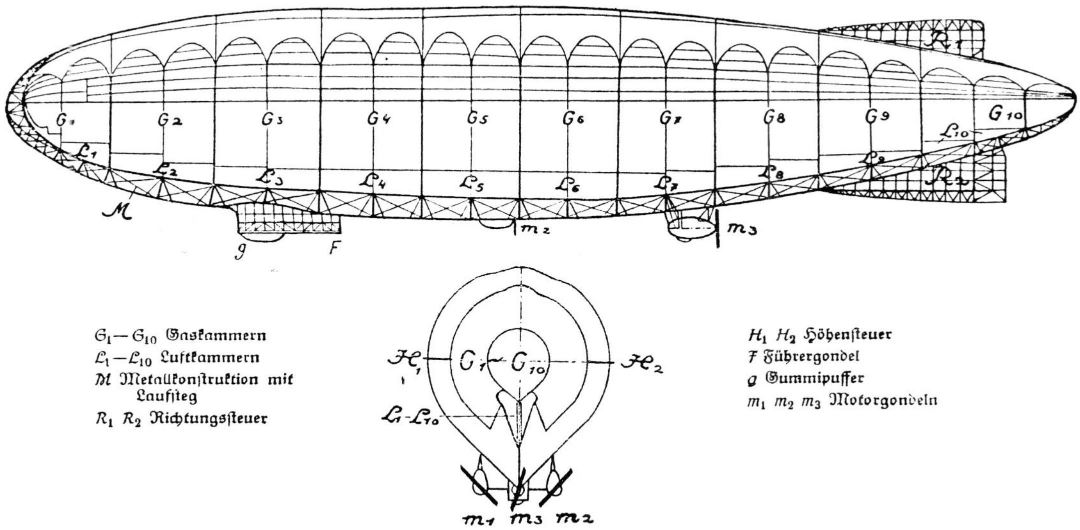

Durchschnitt der Italia
(oben Längs-, unten Querschnitt).

Bild 4-12:
Kielluftschiff ITALIA, 1928 gebaut für die Nordpol-Expedition von Umberto Nobile.

nautischen Mitteilungen", Heft 9, ein interessanter Lösungsvorschlag veröffentlicht. Es handelte sich dabei um ein Patent des Luftschiffers Albert de Dion. „Durch die vertikale Längensymmetrieebene des Luftschiffkörpers geht eine durchlochte Scheidewand ‚a'. Diese wird durch eine oben angebrachte Winkelschiene verstärkt. An dieser, einen Längskiel bildenden Scheidewand, sind nach unten alle Organe befestigt." Daraus ergibt sich als Hüllenquerschnitt die typische Herzform.

Die Entwicklung der äußeren Form der bisher vorgestellten Luftschifftypen ist in anschaulicher Art und Weise anhand von Briefmarkenmotiven in Kap. 15.1 Tafeln 2 bis 4 nachzuvollziehen.

Bild 4-13:
Computerbild des CL 160 der Firma CargoLifter AG. Erste Vorstellung des Projekts von 1997. /10/
Illustration: CargoLifter AG

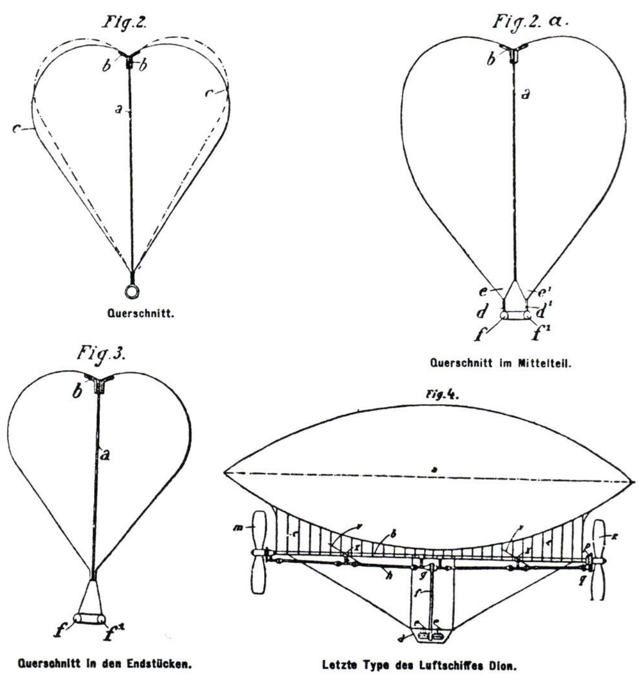

Bild 4-14:
Herzförmiger Querschnitt der Hülle

4.2.4 Heißluft-Luftschiffe

Heißluft-Luftschiffe müssen der Vollständigkeit halber hier mit aufgeführt werden. Sie arbeiten nach dem Prinzip der Heißluftballone. Mit bis zu vier leistungsfähigen Brennern (2,3 Megawatt je Brenner) wird durch die Verbrennung von Propangas die Luft auf ca. 120 °C aufgeheizt. Der Vortrieb erfolgt durch einen Verbrennungsmotor mit Propeller. Als Einsatzzwecke kommen heute vor allem die Werbung und eine Verwendung als „fliegendes Umweltlabor" in Frage.

Die Firma GEFA-FLUG in Aachen ist der einzige Hersteller von Heißluft-Luftschiffen in Deutschland. Zur Zeit sind viersitzige Heißluft-Luftschiffe mit einem Volumen von ca. 4000 m³ in der Entwicklung. Begleitende Forschungsarbeiten wurden an der Fachhochschule Aachen durchgeführt. /12/

Original
AS 80 GD
V=2250 m³

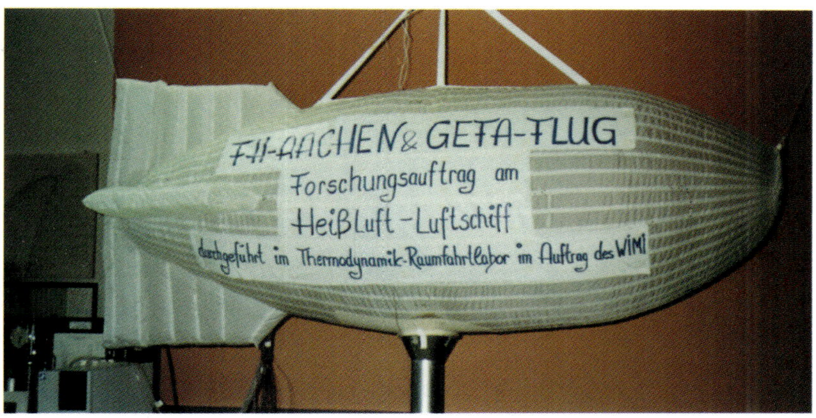

Modell
V=0,7 m³

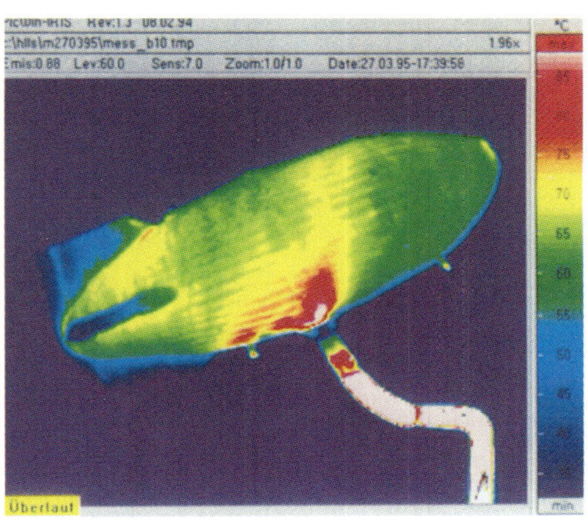

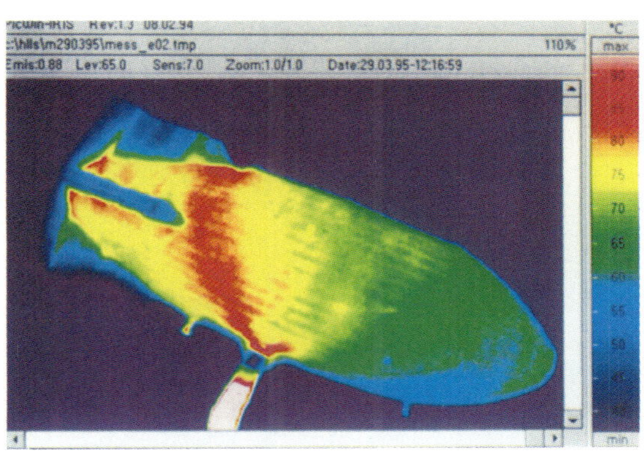

Bild 4-15: Heißluft-Luftschiff der Firma GEFA-FLUG in Aachen im Flug und als Thermalmodell für Thermografie-Untersuchungen (oben und Mitte). Die Thermografiebilder (unten) zeigen die Hüllenoberflächentemperaturen, sie lassen u.a. Hinweise auf Strömungsvorgänge der Warmluft im Inneren eines Heißluft-Luftschiffs zu.

5

Wann wurden die Heißluftballone wieder entdeckt?

Bild 5-1: Trapezkünstler Hermann Lattemann, in luftiger Höhe an einem Gasballon hängend. Holzschnitt von A. von Rößler.

Erinnern wir uns: Am 21. November 1783 stiegen der Marquis D`Arlandes und Pilâtre de Rozier in Paris mit einem Heißluftballon in die Höhe. Die heiße Luft wurde durch Verbrennen von Stroh erzeugt. Zehn Tage später, am 1. Dezember 1783, fand der erste bemannte Aufstieg von Prof. Charles und Robert mit einem wasserstoffgefüllten Gasballon (Charliere genannt) statt.

Nachdem die Technik des Ballonfahrens „beherrschbar" schien, spalteten sich die Ballonenthusiasten in Frankreich in zwei Lager. Die einen bevorzugten den Gasballon, die anderen den Heißluftballon. Den Gedanken, den Gasballon für militärische Zwecke einzusetzen, verwirklichte man sehr bald (siehe auch Kap. 9), und so wurde der Heißluftballon im 19. bis Mitte des 20. Jahrhunderts durch den Gasballon verdrängt. Zu wissenschaftlichen Zwecken sind Montgolfieren (Heißluftballone) niemals benutzt worden. Projekte, die Heißluftballone als schnell aufrüstbare Beobachtungsplattformen für astronomische Vermessungen einzusetzen, wurden erfolglos diskutiert. Für den Einsatz bei militärischen Operationen konnten sie sich, trotz vieler Vorteile den Gasballonen gegenüber, nicht durchsetzen./36/ Eine Zeitlang waren die Heißluftballone das Prunkstück reisender Komödianten und der „Trapezhalter" verwegener Artisten. Bei publikumswirksamen Veranstaltungen waren sie gefragt und erfüllten ihren Zweck, wie das nachfolgende Beispiel zeigt.

Mit der Ankündigung auf Berliner Litfasssäulen – „Eine Montgolfiere in Berlin" – fand 1874 eine Auffahrt des französischen Trapezkünstlers Brendet statt. Die zugehörige Abbildung zeigt ihn auf dem Ballon kniend, den Hut in der Hand. Die Gasfüllung war Geheimnis des Erfinders und eine ganz besondere Gasart. In einem kurzen Bericht wird der Füllvorgang wie folgt beschrieben: „Der netz- und korblose Ballon, aus baumwollenem Stoff gefertigt, wurde über einen Ofen gestülpt. Dann krochen vier Männer zwischen Ballonring und Ofen hinein und richteten die Hülle mit langen Stangen auf. Ein fünfter stopfte das Stroh in den Ofen und zündete es an. Man sah deutlich im Innern der Hülle die Flammen lodern. Der Ballon wurde von außen festgehalten und die Feuerung verstärkt. Die Flammen schlugen bis zur Mitte des Ballons empor. Endlich erschien Herr Brendet im hellen Matrosenanzug (und) ergriff das Trapez ... Der Aufstieg dauerte 5 Minuten, aus dem empor steigenden Ballon drang dichter Qualm. Der Ballon erreichte eine ansehnliche Höhe."(Illustrirte Aeronautische Mitteilungen, VII Jg., Nov. 1903, Heft 11, S.375)

Der in Bild 5-1 abgebildete Holzstich vermittelt eine Vorstellung von der Arbeit eines Trapezkünstlers in der Luft mit Hilfe eines Ballons. Hierzu bedient er sich eines Gasballons und zeigt um wieviel einfacher dessen Handhabung ist. Zu sehen ist der „Luftritter" Hermann Lattemann (gest. 1895), der seine Künste ab 1880 im Zoologischen Garten in Frankfurt vorführte. Er war verlobt mit der berühmten Luftschifferin Käthe Paulus (1868-1935), genannt Käthchen. Bei einer gemeinsamen Absprung-Aktion am 17. Juni 1895 in Krefeld verunglückte Lattemann tödlich (siehe auch Kap. 14.3).

Im August 1993 wurde der Verfasser selbst Augenzeuge eines ähnlichen Aufstiegs, wie vorab bei der Montgolfiere in Berlin beschrieben. Anlässlich der Weltmeisterschaften in Luxembourg rüstete der amerikanische Pilot Peter Krieg seinen Smoke Balloon auf. Unterhalb der Öffnung der Hülle, die aus einfachem Sackleinen bestand, wurde für einige Stunden lang ein Holz-, Stroh- und Kerosinfeuer aufrecht erhalten, dessen warmer Rauch zum Einen den

Bild 5-2:
Aufrüstvorgang eines „Smoke Balloon", wobei die Luft durch Verbrennen von Stroh, Holzkohle oder Kerosin erhitzt wird (links). Es folgen ein rapider Aufstieg bis in 500 m Höhe (Mitte), dann durch Abkühlen des Rauchs die massive Verformung der Hülle mit Austritt schwarzer Rauchschwaden (rechts) und schließlich der Fallschirmabsprung des Artisten. Foto: W. Hallmann, 20. August 1993, Weltmeisterschaften in Luxemburg

Stoff mit Ruß dichtete, zum Anderen den Ballon prall füllte. Der Pilot trug einen Fallschirm und wurde unmittelbar vor dem Start durch Leinen mit der Ballonhülle verbunden. Dann erfolgte gleichzeitig das Durchtrennen von drei Seilen, wonach der Ballon mit dem Piloten wie ein Sektkorken in die Höhe schnellte. Nach Erreichen einer Höhe von ca. 500 m wurde der Verformungsvorgang der Hülle infolge Auskühlung sichtbar. Dies war auch der Zeitpunkt, an dem der Pilot sich ausklinkte und per Fallschirm wohlbehalten den Boden erreichte.

Heißluftballonaktivitäten in Deutschland vor dem zweiten Weltkrieg

In der Zeit von 1934 bis 1937 gab es in Deutschland wieder ernsthafte Bemühungen, den Heißluftballon für sportliche Einsätze neu zu „erfinden“ und zu erleben, um unabhängig von einer Gasleitung an fast jedem Ort aufsteigen zu können. Der zur damaligen Zeit renommierte Journalist für Luftfahrtthemen und Ballonkommandant Major a.D. Dr. Hildebrandt, war – im Stil der damaligen Zeit – Chronist u.a. folgender Aktivitäten:

23. August 1934

Heißluftballon erreicht 800 Meter - 30 Minuten in der Luft - glatte Landung

23. August 1934

Deutscher Erfindergeist: Der Volksballon bewährt sich - erfolgreiche Aufstiege mit dem Rohöl-Heißluft-Ballon in Berlin und Eberswalde. Große Aussichten für den Deutschen Ballonsport

26. August 1934

Die erste Fahrt des Volksballons

In diesen Beiträgen wird die Erfindung des österreichischen Militär- und Berufsluftfahrers Rudolf Brunner beschrieben („Volksballon“). Mit seiner „geheimnisvollen Heizanlage“ wurden mehrere Fahrten über 30 Minuten bis zu 1500 m Höhe durchgeführt (Ballonvolumen 1500 m³). Die Heizanlage bestand aus zwei Brennern, die mit Rohöl versorgt wurden. Die Betriebskosten (für 1 Person) pro Fahrt betrugen „fünf Mark“. Dies sind 1/3 der Kosten, die für einen Gasballon anfielen. Ballast und Schlepptau wurden nicht mitgeführt. Die Hülle wurde aus einem Stoff mit aufgeklebtem Papier geschaffen, beides feuerfest und durch ein Geheimmittel gedichtet.

15. Oktober 1935

Brenzlige Baumlandung eines Heißluftballons - Ballon „U. MAREK 1“ steigt mit vier Mann Besatzung 200 Meter hoch - Landung mißglückte

Mitarbeiter von Brunner (Marek, Müller und Emmer aus Wien) entwickelten die Heizanlage weiter und verwendeten Petroleum als Kraftstoff, das in einer „1 m hohen und 28 cm großen Hohlwalze“ mit 60 l Inhalt gelagert und durch Pressluft dem Brenner zugeführt wurde. Die Heizflamme konnte beliebig geregelt werden. Der Ballon hatte ein Gewicht von etwa 350 kg.

15. Oktober 1937

Eine neue deutsche Erfindung - Der Deutsche Volksballon in Sicht? - Man kehrt immer zur ersten Liebe zurück: Der Heißluftballon Montgolfiers.

Datum unbekannt

Neuartige Heizvorrichtung für Heißluftballone

Der Heißluftballon-Erbauer und Kriegs-Flugführer Baumgart aus Berlin, der viele Erfahrungen in Aufstiegen von mit Stroh anzuheizenden Heißluftballonen hatte, die er bei Schaustellungen sehen ließ, hatte eine Brennervorrichtung bauen lassen, die für die Verwendung von Propangas eingerichtet war, das sonst für hauswirtschaftliche Kochzwecke benutzt wurde. Zwei Flaschen wurden dazu im Ballon mitgeführt, die in einer aus Stahlrohren gefertigten Gondel standen. Die 3400 m³ große Ballonhülle war in 15 Minuten aufstiegsbereit.

Es gibt hinsichtlich der Brennerentwicklung übrigens Widersprüche. Dr. Hildebrandt berichtet in seinem Beitrag „Heißluftballon MAREK-EMMER D-Stadt Wien 1“ von Einsprüchen des Ingenieurs Stohl von der Fa. Hauk & Co., dass die Brennerkonzeption nicht von Brunner, Marek und Emmer sondern von Hauk entwickelt worden sei.

Die Anfänge der modernen Heißluftballonentwicklung

Bis 1955, sieht man von den zuvor beschriebenen Aktivitäten einmal ab, konnte der Heißluftballon keinen Durchbruch erzielen, sondern geriet vielmehr weitestgehend in Vergessenheit. Erst während des Korea-Krieges kam die Montgolfiere wieder ans Tageslicht. Die amerikanische Armee hatte einen Ein-Mann-Ballon entwickelt, der dazu gedacht war, abgestürzte Kampfpiloten aus dem Busch zu retten. Um sie aus sonst unerreichbaren Zonen heraus zu holen, wollte man

Bild 5-3, links:
Um 1934 in Deutschland neu entwickelte Heißluftballon-Heizungsanlage. Ihr Erfinder war Rudolf Brunner. Als Brennstoffe kamen Rohöl, Petroleum und Propangas zum Einsatz.

Bild 5-4, rechts:
1937 - Entwicklung einer neuartigen Heizvorrichtung für Heißluftballone durch Baumgart aus Berlin.

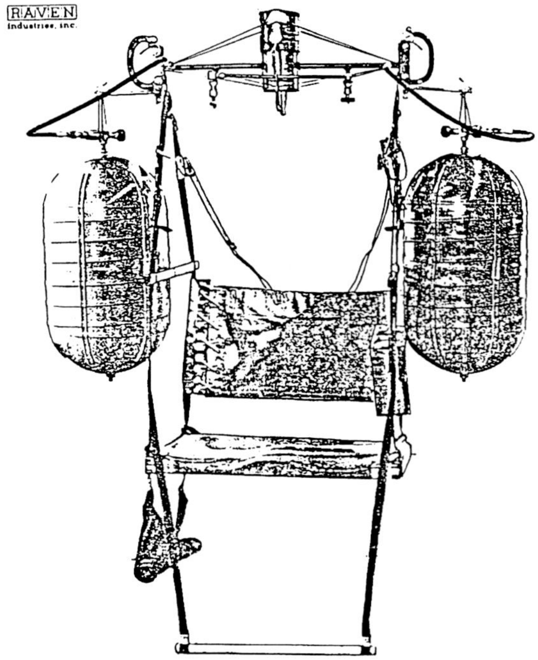

Bild 5-5:
Die recht karge Ausrüstung (ohne Hülle) von MARK II, mit dem Ed Yost 1960 die moderne Heißluftballon-Ära einläutete. Foto: Raven

Bild 5-6:
Heißluftballon-„Korb", mit dem Ed Yost und Don Piccard 1963 als erste den Englischen Kanal überflogen. Einfache Holzplanken dienten als Pilotenplattform. Ausstellungsstück im Ballonmuseum von Chateau de Balleroy in Frankreich. (Aus: Balloon Life, Dec. 1995, S. 16)

ihnen vom Helikopter aus eine Kiste zu werfen, in der eine Hülle von 900 m^3, eine Propangasflasche und ein Brenner verpackt waren. Der Windrichtung folgend sollte so der Pilot aus seiner verzweifelten Lage entkommen können, um an einem günstigeren Ort abgeholt zu werden.
Sehr schnell sahen die Amerikaner hierin eine Chance zur Kreierung eines neuen Sports: ein Ausflug in die Lüfte, den Winden nach, mit der ältesten Methode der Luftfahrt überhaupt. /13/
Das größte Engagement zeigte hierbei die amerikanische Firma Raven Industries in Sioux Falls, South Dakota, heute AEROSTAR. Sie gehört auch zu den Pionieren in Entwicklung und Fertigung großer Stratosphärenballone.

Die technische Entwicklung auf dem Gebiet der Hüllenmaterialien und der Handhabung des Brennstoffs „Propan" in Flaschen wurde inzwischen stärker in der Werkstatt als am Zeichenbrett voran getrieben. Am 12. November 1960 war es nach den üblichen Vorversuchen dann soweit, dass der Projektmanager und Pilot Paul Edward Yost mit MARK II die moderne Heißluftballongeschichte einleitete.
Paul Wider, der langjährige Leiter der Ballonsportgruppe Stuttgart e.V., machte in einem 1996 erschienenen Fachbeitrag für das Magazin „der adler" hierzu folgende interessante Bemerkung: „In den Jahren nach dem Zweiten Weltkrieg befaßte sich ein junger Amerikaner namens Ed Yost im

Bild 5-7:
Der erste in Deutschland nach dem zweiten Weltkrieg zugelassene Heißluftballon war 2300 m³ groß, wurde 1973 von der Ballonsportgruppe Stuttgart gebaut und unter dem Namen FAMÖLA-VOGT registriert und gefahren.

Bild 5-8:
Konstruktionen erster Hochdruckbrenner, fotografiert auf dem Flughafen Münster, Pfingsten 1974.
Foto: Franz Erbach

amerikanischen Westdeutschland im Auftrag der Generell Mills Company mit Plastik-Höhenballonen für Zwecke der Forschung und andere Dinge, die wohl mehr mit Propaganda jenseits des Eisernen Vorhangs in Gegenden zu tun hatten, die für Radio Free Europe schlecht erreichbar waren. Ed Yost wird in der amerikanischen Literatur die Initiative zugeschrieben, die Montgolfiere mit modernen Werkstoffen, Technik und Betriebsstoffen zu neuem Leben erweckt zu haben. 1953 verließ sein erster Heißluftballon den Grund, ca. 230 m³ groß, beheizt mit einer Lötlampe..." 1965 gründete Yost mit drei weiteren Partnern die Raven Industries.

1965 führte der elsässische Pilot Jan Louis Dressel dann als Erster in Europa den Heißluftballon ein. Zwei Jahre später, am 10. September 1967, waren Teilnehmer der Ballonsportgruppe Stuttgart, darunter Paul Wider und Wolfgang von Zeppelin, in Karlsruhe mit von der Partie, als ein bunter, feurig fauchender Heißluftballon aus Nylon als Fesselballon vorgeführt wurde. Trotz der Anwesenheit von Don Piccard, einem Vetter von Bertrand Piccard – dem Ballon – Weltumrunder von 1999 –, wurde dem Ballon der Aufstieg nicht genehmigt. Es war übrigens die Schweiz, die erstmals in Europa eine Versuchs-Starterlaubnis für die neuen Ballone gab.

In der Kritik standen die neuen Heißluftballone vor allem durch den Lärm, den die Hochdruckbrenner verursachten. Die Ballonfahrer in Amerika, wo diese Ballone schon sehr beliebt waren, mussten sogar Schutzhelme mit Ohrenklappen tragen. Bis in die heutige Zeit wird an der stetigen Verbesserung der Brenner u.a. im Hinblick auf Minderung des Brennerlärms gearbeitet. /14/

Der erste Heißluftballon der neuen Generation, der in Deutschland nach dem zweiten Weltkrieg konstruiert, gebaut und zugelassen wurde, ist 1973 von einer Gruppe junger Ingenieure unter Wolfgang von Zeppelin mit der Ballonsportgruppe Stuttgart fertiggestellt und gefahren worden. Der Ballon hatte eine geniale Vorrichtung, die bei der Landung die schlagartige Trennung von Korb und Hülle beim ersten Aufsetzen ermöglichte, um das mitunter gefährliche mehrmalige Aufschlagen zu verhindern. Der Ballon war drei Jahre im Einsatz. Die mit ihm gewonnenen Erfahrungen in 36 Fahrten flossen in die Entwicklung der heutigen Technologien ein.

1985/86 wurde von Theo Schroeder, Hans Kordel und Friedhelm Schroeder in Schweich bei Trier mit viel Engagement, Selbstvertrauen und Mut zum Risiko die Firma „fire balloons" gegründet. Sie ist bis heute in Deutschland die einzige Herstellerfirma von Heißluftballonen geblieben. Fire balloons baute bis Januar 2001 über 900 Heißluftballone, darunter 38 Sonderformen (special shapes). Es handelt sich hierbei um komplette Flugeinheiten, die für den Halter den Vorteil bieten, dass sowohl der gesamte Service, wie Wartung und Ersatzteilbeschaffung, als auch die Beschaffung des Hängers in einer Hand liegen. Der kleinste Ballon hat ein Hüllenvolumen von 1600 m³ (1 Person + Pilot), der Größte

Bild 5-9: Versuchsaufbau für einen gefesselten Heißluftballon zu Testzwecken. Gemessen werden die Tragkraft, die Temperatur- und Druckverteilung in und auf der Ballonhülle.

Bild 5-10: Nachbildung der ersten bemannten Montgolfiere (Start am 23. November 1783), hier als Heißluftballon zu sehen am 23. Januar 1993 im schweizerischen Chateau-d'Oex. Foto: Susanne Kramer

ein Hüllenvolumen von 8500 m³ (12 Personen + Pilot). Das fire balloon-Team hat ohne Zweifel mit seiner praktischen Erfahrung Entscheidendes zur Förderung und Entwicklung der Heißluftballontechnik in Deutschland beigetragen. Seit Anfang 1990 sind in Europa viele neue Luftfahrtunternehmen gegründet worden, die Heißluftballonfahrten anbieten. In Deutschland waren im Jahr 2000 ca. 1330 Heißluftballone und 45 Gasballone zugelassen. Neben den sportlichen Aktivitäten wird die Heißluftballonfahrt weitestgehend kommerziell betrieben. Die größten vom Luftfahrtbundesamt (LBA) in Braunschweig zugelassenen Heißluftballone erlauben 19 Personen im Korb (davon zwei Piloten) bei einem Hüllenvolumen von 11.000 m³. Während der Landung besteht Anschnallpflicht für die Insassen.

Aufgrund der boomenden Entwicklung in Sachen Heißluftballon-Aktivitäten, sahen sich die zuständigen Behörden, wie das Verkehrsministerium in Bonn und das Luftfahrtbundesamt in

Braunschweig, im Zeitraum von 1987 bis 1998 dazu veranlasst, die nicht mehr aktuellen Richtlinien für den Bau und Betrieb von Heißluft- und Gasballonen zu überarbeiten. In diesem Zusammenhang wurden an der Fachhochschule Aachen Forschungsarbeiten voran getrieben, die sich mit Fragen allgemeiner und spezieller Sicherheitsaspekte von Aerostaten befassten. So wurde unter anderem 1995 die Trag- bzw. Haltekraft bei und nach Brennerbetätigung vermessen. Aus der gemessenen Tragkraft ist die sog. Referenztemperatur der erwärmten Luft berechenbar. Mit 10 Thermoelementen wurde die Temperaturverteilung vom Top zur Mündung im Gasraum und auf der Ballonhülle bestimmt, gleichzeitig mit Drucksensoren die Druckverteilung als Funktion der Ballonhöhe vermessen.

Im Februar 1991 wurde an der Fachhochschule in Aachen überdies das erste Internationale Symposium über „Hotair Aerostatic Vehicle Technology“ abgehalten. /14/ /16/

Bild 5-11:
Impressionen von der Ballon-Weltmeisterschaft am 20. August 1993 in Luxemburg.

6

Die Entwicklung des Hüllenmaterials

Bei der Konzeption eines Luftschiffes (eines Ballons) müssen sehr viele Hauptsysteme, die sich in noch mehr Untersysteme und diese wiederum in Einzelsysteme, Gruppen und Elemente aufteilen, funktionsgerecht zusammengefügt werden. Es geht um Produktsicherung und Qualitätskontrolle. Eines dieser Einzelsysteme ist die Ballon- bzw. Luftschiffhülle.

Die unterschiedlichen Luftschifftypen (vergl. Kap. 4.2) stellen ganz verschiedene Anforderungen an das Hüllenmaterial, seine Funktion betreffend. Diese Fragestellung ist besonders bei der Konzeption eines neuen Luftschifftyps, z.B. des CargoLifters, von besonderer Bedeutung.

Welche Anforderungen werden an die Qualität einer Hülle gestellt? Bei einer Hülle, die zugleich als Gas- und Wetterhülle dient, muss neben den wichtigsten Anforderungen, wie Zerreißfestigkeit, UVA/UVB-Beständigkeit, Diffusions-Gasdurchlässigkeit, Schutz gegen elektrostatische Aufladung, Reparaturfähigkeit und Alterungsbeständigkeit, vor allem auf das Flächengewicht in g/m^2 der Hülle geachtet werden. Letzteres ist ganz wesentlich mit entscheidend für das gesamte Strukturgewicht und damit für die maximale Nutzlast, die befördert werden kann. Jeder Luftschiffkonstrukteur muss bemüht sein, alle die genannten Forderungen zu optimieren und das Flächengewicht pro m^2 Hülle möglichst gering zu halten. Die Hüllenmaterialien bestehen dabei je nach Anforderung aus mehreren Gewebelagen, Dampfsperren und Oberflächenbeschichtungen. Das gesamte Hüllengewicht erhöht sich noch durch Stoffüberlappungen und Klebstoffe in den Nähten.

Bei den Gashüllen, auch Gaszellen genannt, ist eine Gasdurchlässigkeit von kleiner 0,3 l pro m^2 und Tag machbar.

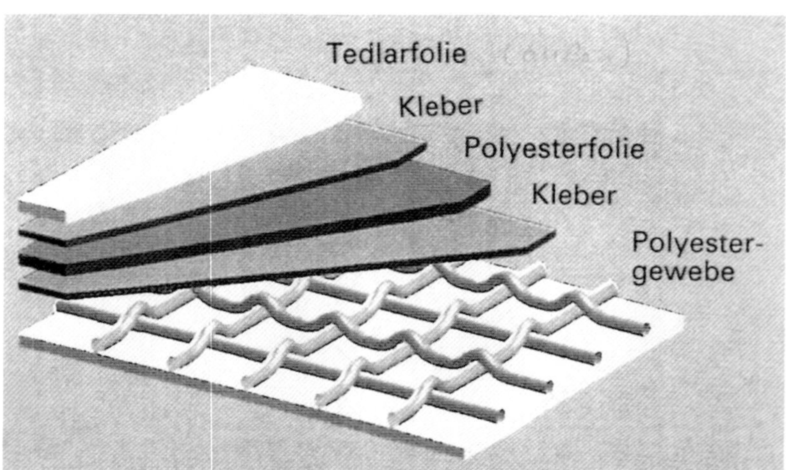

Bild 6-3:
Der Schichtaufbau der LZ N07-Hülle.
Foto: Luftschiffbau Zeppelin GmbH, NeueTechnologie

Tabelle 2:
Spezifische Hüllenflächengewichte und spezifische Reißfestigkeiten
Gummierte Stoffe (aus Luftfahrzeugbau, Konstruktion von Luftschiffen und Flugmachinen, Fritz Huth, Verlag M.Krayer, Berlin)

		Gew. g/qm	Festigkeit daN/m	Preis M/qm
Clouth Köln am Rhein	Gefirnisste Baumwollstoffe zu Kugelballons	200–210	200–1400	2,60 bis 2,85
	Baumwolldoppelstoff mit Gummizwischenlage Nr. 15	290–300	800–1200	10,00 bis 11,00
	Baumwolldoppelstoff mit Gummizwischenl. u. äuß. Gumm.	330–350	950–1250	11,25 bis 12,50
	Dreif. Baumwollstoff mit Gummizwischenl. u. äuß. Gumm.	480–490	2300–2700	15,00 bis 16,50
	Seidenstoff für Kugelballons und Flieger	190–200	1200–1300	10,00 bis 11,00
	Einf. Baumwollstoff auf beiden Seiten gummiert, für Flugzeuge	150–160	500–620	4,00 bis 4,40
Conti-nental Hannover	Einf. Gumm. Ballonszoff Nr. 68	200	500–600	
	Doppel-Ballonstoff gerade doubliert Nr. 21	220	650	
	Doppel-Ballonstoff diagonal doubliert Nr. 58	350	1200–1300	
	Dreifacher Ballonstoff Nr. 65	490	2240–3460	
	Einseit. gummiert. Nr. 56 II	140	1200	
	Beiderseit. gummiert. Nr. 56 III	140	1200	
	Einseit. gummiert. Nr. 100a	155	1300–1400	
	Beiderseit. gummiert. Nr. 100b	155	1300–1400	
Metzeler & Co. München	Gelber, einseitig gummierter Stoff, etwa 100 g Gummiauflage 1 m²	190	500	7,75
	Diagonal-Doppelstoff gelb auf grau, etwa 100 g Belag	280	900	10,60
	Grau einseitig gummiert, etwa 50 g Belag, für Flugzeuge	140	500	5,00
	Grau einseitig gummiert Nr. 4	140		3,00
	Grau doppelseitig gummiert Nr. 9	170		5,10
	Grau einseitig gummiert Nr. 11	132		2,00
	Einseitig gummiert	80		2,85

Heutiger Stand der Technik

– Fessel-Luftschiff	AIRBORNE	V~ 110 m³	170 g/m²	
– Blimp/Luftschiff	WDL	V ~ 6500 m³	550 g/m²	2000 N/5cm a
– Fesselballon	AEROPHIL/Paris	V = 5500 m³	450 g/m²	1930 N/5cm
–Gasballon, netzlos	Fa. WÖRNER	V =1000 m³	220 g/m²	700 N/5cm
–LZ NT 07, halbstarr	Zeppelin GmbH	V = 8200 m³	20 g/m²	1500 N/5cm
–Heißluft-Luftschiff	GEFA-FLUG	V ~ 2300 m³	90g/m²	1500 N/5cm
–CL 160 (Kiel-LS ?)	Cargolifter AG	V ~ 550000 m³	< 1000g/m²	?
–Solar-Luftschiff	Lotte	V ~ 109 m³	80g/m²	

- Bei dem Grundgewebe handelt es sich um Polyamide (Nylon, Perlon) bzw. Polyester (Dacron, Diolen etc.), früher Baumwollgewebe. Die Beschichtung besteht aus Polyurethan bzw. aus chlorsulfuniertem Polyäthylen, bzw. Silikon. /17/
- Die Reißfestigkeit von textilen Flächengebilden wird nach DIN 53857 getestet./16/
- Die Zerreißkraft in N wird auf einen 5 cm breiten Streifen bezogen.

Tabelle 2 zeigt übliche Werte für Flächengewichte in g/m² für Hüllenstoffe aus früherer (gummiert) und heutiger Zeit (z.B. Polyurethan, Silikon bzw. Spezialbeschichtung) in Abhängigkeit von der Festigkeit und dem Hüllenvolumen.

Bei Heißluftballonen und -Luftschiffen liegen die Werte bei etwa 0,5 l pro m² und Sekunde. Hierin sind die Leckgasverluste anderer Baukomponenten nicht enthalten. Es gibt mehrere Prüfverfahren, um die Gasdurchlässigkeit (Diffusionsrate) zu bestimmen, u.a. nach DIN 53380.

Um solche Dichtigkeitsstandards zumindest annäherungsweise für das Gaszellenmaterial zu erreichen, wurde bereits Anfang des 19. Jahrhunderts die sog. „Goldschlägerhaut" eingesetzt. Der englische Gelehrte Carvallo war einer der Ersten, der vorschlug, brauchbare Ballone bzw. Beutel aus Goldschlägerhaut herzustellen. Diese bestand aus den Oberhäuten von Rinderblinddärmen, die nach der Manier der Blattgoldherstellung behandelt und in bis zu sieben Schichten kreuz und quer mittels Firniss auf Leinenbahnen verklebt wurden. Nach anderer Lesart soll es der Baron de Beaumanoir gewesen sein, der solchermaßen ausgerüstete Ballone zuerst aufsteigen ließ. Einzelne Quellen behaupten auch, dass sich bereits am 23. Dezember 1783 der erste Ballon mit Goldschlägerhaut in Darmstadt in die Lüfte erhoben habe./66/ 1893 verwendeten die Franzosen neben gefirnisster Seide auch besagte Goldschlägerhaut als Hüllenmaterial für Ballonsonden, sogenannte Registrierballone (siehe hierzu auch Kap. 7.2).

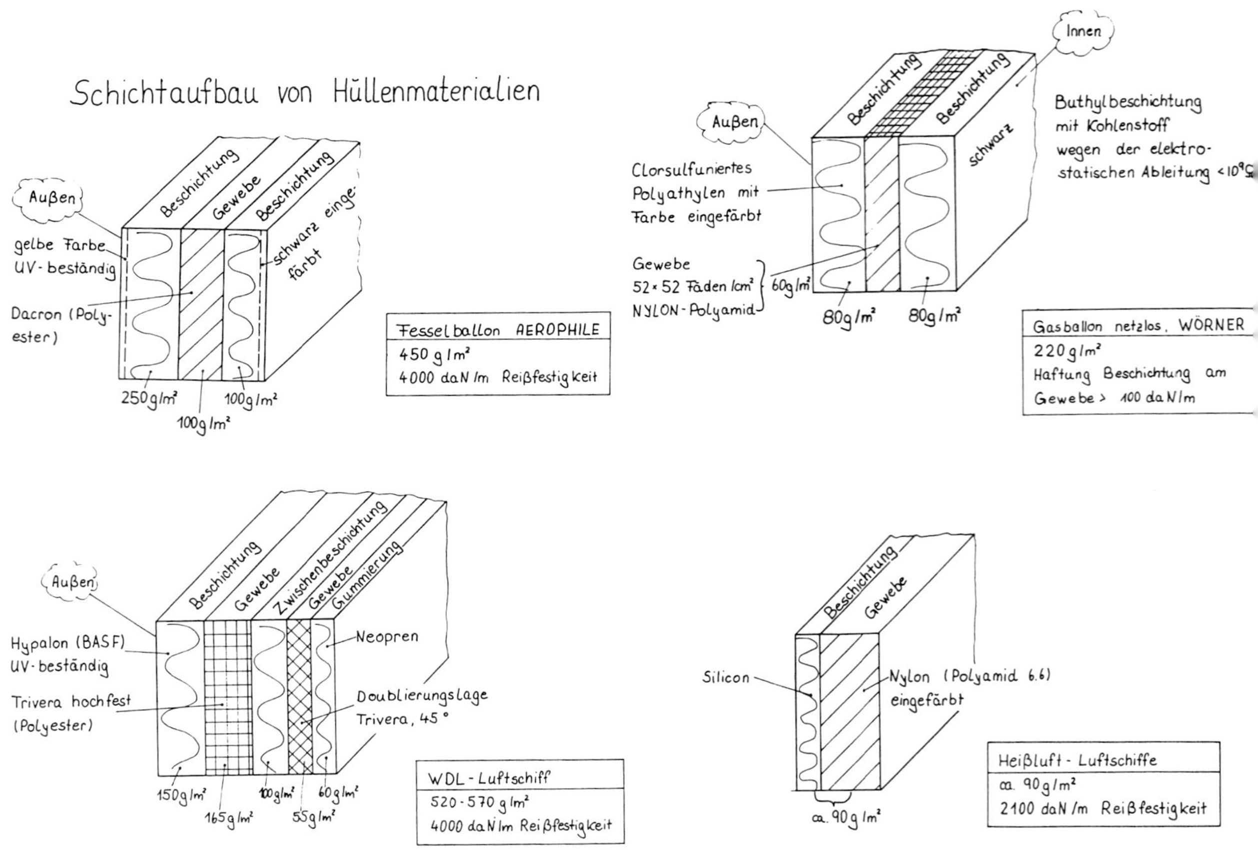

Bild 6-1:
Gewebeschichtaufbau unterschiedlicher Hüllenmaterialien

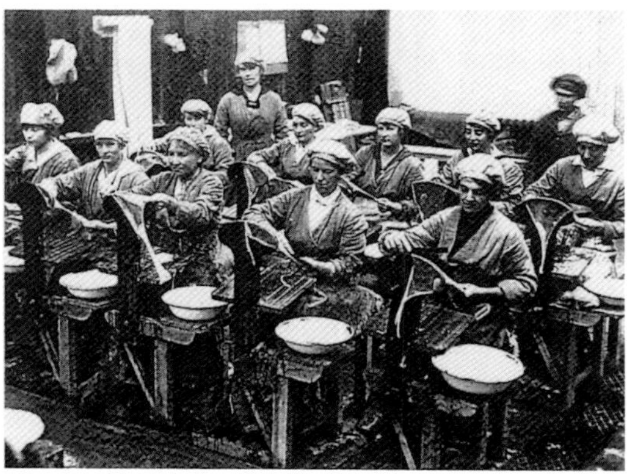

Dieses Material kam z.B. auch beim LZ 5 (Heeresluftschiff von 1908) zur Anwendung. Das Flächengewicht betrug 163 g/m². Der Vorteil gegenüber gummierten Hüllen bestand darin, dass die Häute sich nicht elektrostatisch aufluden und wie Gummi zerrissen. Während des ersten Weltkriegs waren die meisten aus Amerika, Argentinien sowie Brasilien importierten Rinderblinddärme infolge der Seeblokade gegen Deutschland nicht mehr verfügbar. Auch aus Russland kam kein Nachschub mehr. Man stelle sich vor, dass für die Hülle eines Luftschiffs mittlerer

Bild 6-2: Einblicke in die Fabrikationswerkstätte zur Vorbereitung von Tierhäuten zu dichten Gaszellen. Die Fertigung solcher Hüllen verlangte große Säle, in denen Arbeitstische von 50 bis 70 m Länge aufgestellt wurden.

Bild 6-4:
Auf einem um 1876 entstandenen Holzstich ist die Anfertigung von Postballonhüllen durch die Firma Godard im alten Pariser Bahnhof d'Orleans während der Belagerung durch deutsche Truppen im Jahre 1871 zu sehen.

Bild 6-6:
Eine Gaszelle der LZ 126 mit einem Nenngasvolumen von 70.000 m^3. Man erhält einen guten Eindruck von der Struktur des starren Luftschiffes. Es wurde im Rahmen der Reparationsleistungen des Deutschen Reiches aufgrund des Versailler Vertrages von der Luftschiffbau Zeppelin AG, Friedrichshafen, für die US-Marine gebaut und 1924 überführt. /20/

Größe 700.000 Rinderblinddärme bzw. Oberhäute benötigt wurden. Folglich musste man sich in Deutschland etwas anderes einfallen lassen. Bereits beim LZ 24 (Marine-Luftschiff von 1913/14) wurden Gaszellen aus feiner Baumwolle mit vier Schichten anderer tierischer Oberhäute kreuz und quer mittels Firniss verklebt. Der so hergestellte Gaszellenstoff wurde als Hautstoff bezeichnet. /18/

Die Herstellung der Ballonhüllen erfordert größte Umsicht und Genauigkeit. Die Anfertigung der Hüllen geschieht nach Schablonen bzw. computergesteuert. Damals wie heute unterliegen die Fertigungsprozesse der Hüllenmaterialien größter Geheimhaltung, um sich vor Konkurrenten zu schützen.

Ganz entscheidend für die Temperaturerhöhung des sich im Innern der Gaszelle befindlichen Gases - z.B. durch Sonneneinstrahlung - ist die Farbe, d.h. die Oberflächeneigenschaften der Außenhülle. Verantwortlich hierfür ist das Absorptions-Emissionsvermögen der Hüllenoberfläche für die kurzwelligen Sonneneinstrahlintensitäten. Bei einem silbergrau-farbigen Blimp, der 1977 in Afrika Experimentierfahrten durchführte, wurden bei Außenlufttemperaturen von 35 °C am nicht fahrenden Luftschiff Hüllentemperaturen von 95 °C, bei Fahrgeschwindigkeiten von 15 m/s noch 57 °C an der Hülle gemessen. /19/

Erwähnenswert ist, dass die Franzosen um 1900 herum, beim Bau ihrer Luftschiffe, gelb gefärbte Ballonstoffe (doppelt innengummierter Baumwollstoff, Flächengewicht 400 g/m², Ballonvolumen 2284 m³) aus Deutschland einsetzten. Damals war den Konstrukteuren bereits bekannt, dass eine gelbe Farbe der Außenhülle sehr geeignet gegen schädliche Einflüsse der Sonneneinstrahlung ist.

Im Folgenden noch einige markante Beispiele ausgeführter Hüllenflächengewichte:

Der vor ca. 120 Jahren (1878) von Henry Giffard anlässlich der Pariser Weltausstellung seilgefesselte Kugelballon hatte ein Volumen von 25.000 m³ und stieg mit 55 Personen in eine Höhe von 480 m. Die Hülle hatte ein Flächengewicht von 2800 g/m² und wog 11,5 Tonnen. Der Gaszellenstoff des ersten Zeppelin-Luftschiffes LZ 1 (1900) bestand aus Feinleinenbahnen von 80 g/m² mit einer Gummischicht von ebenfalls 80 g/m², somit einem Gesamtflächengewicht von 160 g/m²! Die Gasdurchlässigkeit ließ zu wünschen übrig. Der Einsatz der Goldschlägerhaut löste dann das Problem.

Das Flächengewicht der Hülle des Zeppelin-Luftschiffs NT 07 (1999) liegt bei 220 g/m² Ihr Aufbau geht aus dem in Bild 6-3 abgebildeten Schema hervor. Die Cargolifter CL 160 Außenhülle dürfte ein Flächengewicht von ca.1kg/m² haben.

Bild 6-5:
Untersuchung einer Gasballonhülle auf ihre Dichtigkeit. Es handelt sich um den Ballon „Adler", mit dem Salomon August Andreé (1834-1897) 1897 von Spitzbergen aus zu einer Nordpol-Expedition startete (vergl. Kap. 7.3). Der Ballon hatte ein Volumen von 5000 m³, der Füllvorgang mit Wasserstoff dauerte 89 Stunden. Die Lecksuchtechnik bestand darin, dass der gefüllte Gasballon segmentweise mit „durch Bleizucker imprägnierten Leinentüchern" belegt wurde, auf denen ausströmendes Gas sofort schwarze Flecken hervorrufen würde. Bei dem Bleizucker handelt es sich um Bleiacetat, ein leicht in Wasser lösliches, weißes, kristallines Salz. Es wird aus Bleioxyd und Essigsäure gewonnen, ist stark giftig und schmeckt süßlich.

7

Wissenschaftliche Ballonfahrten

Wenn wir uns in der heutigen Zeit wieder einmal mit dem Thema der wissenschaftlichen Errungenschaften auf dem Gebiet der Aerologie befassen, so soll auch der vielen Menschen gedacht werden, die zahllose Entbehrungen und Strapazen und sogar die Gefahr des Todes auf sich nahmen, um einen Erkenntnisfortschritt für die Allgemeinheit und im Besonderen für die Luftfahrt zu erreichen. Letztendlich konnten sich die Luftschiffahrt, der Flugzeugbau und nicht zuletzt die Raumfahrt nur auf Grund dieser, für uns heute trivialen Kenntnisse entwickeln.

Der bemannte und unbemannte Gasballon hat bis zum heutigen Tage vieles zur Erforschung der Atmosphäre (Troposphäre, Stratosphäre) beigetragen, vorab die Kenntnis der Luftströmungen in den verschiedenen Höhenlagen, die chemischen Gaszusammensetzungen in den einzelnen Höhenschichten usw.

7.1 Wissenschaftliche Ballonfahrten mit bemannten Ballonen

Zu Beginn des 19. Jahrhunderts wurden die Gasballone verstärkt für wissenschaftliche Missionen eingesetzt. Im Jahre 1803 testete der aus Lüttich stammende Physiker Robertson (ursprünglich Robert) in Hamburg als Erster die Höhenwirkung in 6880 Metern an sich selbst aus. Er stellte Trockenheit im Hals, geschwollene Adern und eine Tendenz zu Nasenbluten und Schläfrigkeit fest. Er machte seine ersten Notizen über elektrische und magnetische Erscheinungen, nahm Tauben mit und beobachtete den Einfluss des Aufstiegs auf ihren Flug.

Nachdem die Ergebnisse dieser Fahrten in Paris bekannt geworden waren, unternahmen die beiden berühmten französischen Wissenschaftler Jean Baptiste Biot (1774-1862) und Gay Lussac (1778-1850) zunächst gemeinsame Ballonfahrten

Bild 7-2:
Originalballon und sein Widerbild während einer Ballonfahrt im Dezember 1861. Hervorgerufen durch Brechung der Sonnenstrahlung auf der Wolkenschicht.

Bild 7-3:
Aureolen (aureolus = golden) entstehen durch die Beugung des Lichts an verschieden großen Wolken- oder Nebeltröpfchen, sie stellen sich als weißer bis blaßblauer Schein mit rötlichem Rand um Sonne und Mond dar. /4/

Bilder 7-4:
Fotografie einer Aureole.
Foto: Jürgen Schulz, LBA

zu wissenschaftlichen Zwecken, unter anderem um Veränderlichkeiten des Erdmagnetismus in bis zu 7000 m Höhe festzustellen. Am 9. September 1804 startete Gay Lussac alleine zu einer Höhenfahrt auf 6700 m. Unter anderem wurde die Luft verschiedener Höhen in evakuierten Glasflaschen eingefüllt und anschließend am Erdboden untersucht. Somit erhielt man die Zusammensetzung der Luft als Funktion der Höhe./21/ Gay Lussac leitete daraus seine bekannten Gesetze ab. Sie beschreiben den Zusammenhang zwischen Gasvolumen, Temperatur und Gasdruck.

Der Meteorologe Prof. Richard Assmann (1845-1918) verwies allerdings darauf, dass die Höhenangaben, die mit Messgeräten vor 1880 gemacht wurden, sehr unzuverlässig seien. Assmann war Begründer und Direktor des Aeronautischen Observatoriums in Lindenberg bei Berlin, Entdecker der Stratosphäre und Konstrukteur des Aspirationspsychrometers.

Wenn auch die ersten wissenschaftlichen Aeronauten zunächst wenige ernsthafte Nachfolger fanden, so wurde ab 1850 die Ballonfahrt zunehmend in den Dienst der Forschung gestellt. /22/

An dieser Stelle soll auch der wissenschaftliche Aspekt der Ballonfahrten um 1860 hinsichtlich der Beobachtungen atmosphärischer Erscheinungen nicht verschwiegen werden. Erscheinungen, die man vorher vergeblich zu enträtseln suchte. Folgender zeitgenössischer Bericht mag das verdeutlichen:

„Am 20. Dezember vorigen Jahrs (1861) bestieg der französische Naturforscher Lounoy mit dem berühmten Luftschiffer Louis Deschamps den großen Ballon „Napoleon III", nur alleine zu dem Zwecke, um physikalische Beobachtungen anzustellen. Es war Morgens 10 Uhr, als sie in Paris aufstiegen, und nach einer blitzschnellen Fahrt von 15 Minuten befanden sie sich bereits 4000 Fuß (~1200 m) hoch über der Erde mitten in der dichtesten Wolkenschicht. Es wurde plötzlich dunkel um sie her, als wäre es Nacht, und der Thermometer sank auf den Gefrierpunkt hinab, während er eine Minute vorher noch 6 Grad Wärme gezeigt hatte. Als sie 5000 Fuß hoch waren, zeigte sich ein merkwürdiges Phänomen, indem der obere Theil des Ballon von einem starken Ostwinde erfaßt wurde, während der untere Theil mit einem Luftstrom aus Nordwest zu kämpfen hatte. Doch nach einem kurzen Augenblicke waren diese beiden entgegengesetzten Strömungen überwunden, und um 10 Uhr 29 Minuten befanden sie sich 6000 Fuß hoch über der Erde. Nunmehr bot sich ihnen ein prachtvolles Schauspiel dar, denn sie hatten jetzt die ganze dichte Wolkenlagerung überwunden, und über ihnen glänzte die Sonne in einer Majestät,

wie man dies auf dem Erdboden nimmermehr sieht. Voll tiefer Bewunderung blickten sie um sich, aber siehe da, urplötzlich wurden sie durch das Wiederbild ihres eigenen Ballons überrascht, - ein Bild, welches ohne Zweifel dadurch hervorgebracht wurde, dass sich Sonnenstrahlen auf der Wolkenschicht unten brachen."

Die Bilder 7-2 und 7-3, Holzstiche um 1880, geben eindrucksvoll die Stimmung wieder, die Ballonfahrer wie Herbert Silberer auf ihren Fahrten erlebten (Wolkenbildung, Regenbogen und Aureolen). Eine Anfrage bei Bertrand Piccard und Brian Jones, ob sie während ihrer 19-tägigen Reise im März 1999 im Ballon um die Erde, ähnliche Beobachtungen machen konnten, wurde positiv bestätigt, wie übrigens auch schon von anderen erfahrenen Ballonfahrern, wie Bild 7-4 zeigt.

Bild 7-1: Gay Lussacs Aufstieg zu Paris am 9. September 1804.

Bild 7-5: Bei diesem Bild handelt es sich um die Darstellung des ersten Aufstiegs des Ballons „ZENIT" am Morgen des 17. März 1875. Teilnehmer sind (v.l.n.r.) Sivel, Jobert, G. Tissandier, Spinelli und A. Tissandier. Am 22. März 1875 stieg ein Teil der Besatzung in Höhen von 7300 m, um neue Atmungsvorrichtungen zu erproben, u.a. auch verschiedene Luftmischungen mit 40% und 70% Sauerstoffanteil. Am 14. April 1875 erfolgte mit demselben Ballon ein weiterer Höhenaufstieg von G. Tissandier, Spinelli und Sivel bis zu 8000 m Höhe. Für die beiden Letztgenannten endete die Fahrt tödlich.

Bild 7-6: Hier wird eine Ballonfahrt der deutschen Militärschiffer-Abteilung um 1888 (Originalskizze von G. Rodeck) dargestellt. Die drei Luft-Sauerstoff-Ballons mit ihren Schläuchen für die Höhenbeatmung sind am Korbring montiert. /28/

Mit den wachsenden technischen und logistischen Möglichkeiten der Luftfahrt ab 1890 nahmen gleichzeitig die medizinisch-physiologischen Probleme bei bemannten Hochfahrten zu. Die bereits zu diesem Zeitpunkt bekannten höhenphysiologischen Studien des Berliner Physiologen Nathan Zuntz (1847-1920) haben Entscheidendes zum Verständnis und zur Lösung der aufkommenden Fragestellungen der Aeronautik beigetragen. /23/ Durch Kenntnis dieser Ergebnisse verfügten die Berliner Luftschiffer um die Jahrhundertwende (1900) über weltweit einzigartige Bedingungen auf luftfahrtwissenschaftlichem wie -technischem Gebiet, um extreme Höhenfahrten zu unternehmen. Hierfür spricht zum Beispiel, dass die Professoren Arthur Berson und Reinhard Süring sich auf Ballon-Höhenflüge spezialisiert haben /24/. Sie erreichten am 31. Juli 1901 von Berlin aus eine Höhe von 10.620 Metern im offenen Ballonkorb mit einem Netzballon - ein Rekord, der erst im Mai 1931 von Professor Auguste Piccard mit netzlosem Ballon und geschlossener Gondel überboten wurde (15.800 m).
(Anmerkung: Die Bevölkerung von Briesen (in der Nähe von Brand, ca. 45 km südlich von Berlin gelegen) feierte im Sommer 2001 den 100. Jahrestag des geglückten Höhenrekords.)
Die Höhenrekorde mit bemannten Ballonen und offenem Ballonkorb waren seinerzeit nur möglich durch besondere Hilfsmittel, vor allem die Sauerstoffbeatmung. Man hatte erkannt, dass ab einer Höhenlage von 5000 bis 6000 Metern die Luft so dünn ist, dass durch die natürliche Atmung kaum mehr die zur Lebenserhaltung erforderliche Sauerstoffmenge den Lungen zugeführt werden kann - und dies bei Umgebungstemperaturen[3] von - 20 °C. Bereits ein kurzfristiger Aufenthalt in Höhen von über 8000 Metern ohne zusätzliche Sauerstoffbeatmung wird bei nicht speziell trainierten Menschen zur Höhenkrankheit und oftmals zum Tod führen.
Um sicher alle Gefahren zu vermeiden, wird im Hinblick auf die Umgebungsbedingungen die absolute Obergrenze für eine zusätzliche Sauerstoffbeatmung heute bei ca. 11.000 m angesetzt /26/ /27/. Für noch größere Höhen müssen dann wie im Flugzeugbau Druckkabinen eingesetzt werden.
Den Bemühungen und der Schule von Prof. Nathan Zuntz gebührt der Verdienst, durch höhenphysiologische Studien im Hochgebirge, durch das pneumatische Kabinett (Unterdruckkammer) und durch Ballonversuche nachdrücklich auf die Notwendigkeit künstlicher Sauerstoffbeatmung bei Hochfahrten hingewiesen und vor allem entsprechende Beatmungsgeräte in Zusammenarbeit mit den Meteorologen Berson und Süring entwickelt zu haben.
1912 wurde die wissenschaftliche Gesellschaft für Flugtechnik e.V. (WGF) gegründet, in der die Herren Kochel und Flemming als ordentliche Mitglieder für medizinisch-psychologische Fragen berufen wurden. Dies führte 1913 dazu, dass man Richtlinien zur Auswahl von Flugpersonal erarbeitete. Es kam zu Erhebungen über Gesundheitsstörungen der Personen im Freiballon, Luftschiff oder Flugzeug.
1916 schließlich wurde die militärische Prüfungs- und Versuchsstelle für Sauerstoffgeräte gegründet. Deren Studien führten zum „Militärischen Zeugnis für Flieger“, dessen obligatorische Ausstellung noch im Laufe des Jahres 1916 angeordnet wurde.

7.2 Aufgaben und Einsätze von Registrierballonen

Frei fliegende Registrierballone

Die massive Veränderung der Atmosphäre in den letzten zwei Jahrzehnten - Ozonlöcher, Atmosphärenbelastung durch schädliche Emissionen, speziell in der Stratosphäre - wurde vom Erdboden aus durch Ballone mit Satellitenunterstützung beobachtet.
Die Idee zur aerologischen Erforschung der Höhe mit unbemannten Ballonen ist nicht neu. Angeregt durch die Fahrten von Gay Lussac (1804), stellte die Kgl. Gesellschaft der Wissenschaften zu Kopenhagen bereits 1809 eine Preisaufgabe. Es sollten u.a. mit Hilfe von „kleinen Luftballonen“ Gesetze über die elektrostatischen Zustände der oberen Atmosphäre hergeleitet werden. Anfang 1890 erfolgte - nach bereits vorhandenen Vorschlägen von Tissandier - durch Hermite und Besançon der erste Aufstieg eines Registrierballons in für Menschen unerreichbare Höhenzonen der Atmosphäre /4/.

3: An der Erdoberfläche in Meereshöhe enthält 1 m^3 „Normalluft“ ca. 280 g Sauerstoff, in 5 km Höhe ca. 165 g, in 10 km Höhe etwa 95 g und in 20 km Höhe nur noch 20 g. Bei einer Flughöhe von 5000 m wird als Norm für die Atmung ein Sauerstoffbedarf von 6 g oder 4,4 l pro Person und Minute angenommen. Daraus lassen sich die notwendigen Sauerstoffvorräte für Höhenfahrten abschätzen /25/. Die Lufttemperatur nimmt nach der Internationalen Standard Atmosphäre (ISA) pro 1000 m übrigens um 6,5 Grad C ab.

Bild 7-7 und 7a: Registrierballon-Befüllung um 1908. Das Ballontandem wurde von der Gummiwarenfabrik S. Saul in Aachen hergestellt und zum Aufstieg gebracht./4/

So wurde 1902 von R. Assmann mittels Registrierballonen die Stratosphäre und 1912 durch Viktor Hess die Höhenstrahlung, auch „Kosmische Strahlung" genannt, entdeckt.

Aus der Zeit um 1908 existieren einige Fotografien, hier in den Bildern 7-7a zu sehen, die den Füllprozess von Registrierballonen vor dem Aachener Meteorolgischen Observatorium zeigen, dessen Anfänge auf das Jahr 1872 zurückgehen. Die dargestellten Hüllen der Registrierballone bestanden aus einer 0,2 bis 0,5 mm dicken Gummihaut, der Ballondurchmesser betrug ca. 1,8 m. Neben der Firma Continental-Kautschuk und Co. in Hannover wurden die Hüllen auch von der Aachener Fa. Siegfried Saul hergestellt. Eine Methode des Aufstiegs bestand darin, zwei gekoppelte Gashüllen (Tandem) aufsteigen zu lassen. Nachdem in der Höhe der prallere Ballon platzte (H ~ 18 km) bzw. elektrisch ausgeklinkt wurde, übernahm der ungeplatzte Ballon mit dem Instrumentenkorb fallschirmartig das Absinken. Damit wurde auch ein Versinken bei einer Wasserlandung vermieden.

Ab 1908 fanden regelmäßig Höhenwindmessungen mit Pilotballonen statt, nicht zuletzt für die rasch aufblühende Sport- und Militärluftfahrt. 1909 führte der Leiter der Wetterstation in Aachen, Prof. Peter Polis (1869-1929), einen Luftfahrerwarndienst ein und nahm als Wetterberater an der ersten Zeppelinfahrt über Aachen am 5. August 1909 mit dem Heeresluftschiff Z II (bzw. LZ 5) teil.

Wie katastrophal Luftschifffahrten enden können, wenn Wettervorhersagen ignoriert werden, soll hier an einem Beispiel eindrücklich geschildert werden.

Am 13. Juli 1910 verunglückte der rheinische Luftfahrt-Pionier und Gordon-Bennett-Sieger von 1907, Oskar Erbslöh (1879-1910), mit seinem lenkbaren Luftschiff „Erbslöh" tödlich. Mit ihm starben weitere vier Personen. (Daten des Luftschiffes: Volumen 3300 m³ Gas, 110 PS, 45 km/h, Gondel mit Drahtseilen freihängend an Hülle befestigt).

„Wie erst jetzt bekannt wird, ist Erbslöh noch wenige Minuten vor dem Aufstieg des unsicheren Wetters wegen gewarnt worden, und er fragte scherzweise seine Mitfahrer, ob sie ihr Testament gemacht hätten. ... Ähnlich wie bei der Katastrophe des Zeppelinluftschiffes „Deutschland" (erstes Verkehrsluftschiff der DELAG, LZ 7, V= 19.300 m³, 360 PS, stürzte am 28. Juni 1910 im Teutoburger Wald mit 36 Passagieren an Bord, unter ihnen 20 internationale Pressevertre-

ter, ab, d. Verf.), ist es auch diesmal versäumt worden, die Aachener Wetterwarte über die Witterungsaussichten zu befragen. Die Direktion des Aachener Observatoriums depeschiert uns:
Aachen, 14. Juli 1910. Die Witterung bei der gestrigen Luftschiffkatastrophe war folgende. Nebel in der nördlichen und mittleren Rheinprovinz, namentlich im Rheinthal, keine große Höhe, etwa bis 400 Meter Höhe über dem Erdboden. Eifel, Venn, und bergische Höhen nebelfrei. Luftbewegungen äußerst schwach. Eine Anfrage am Tage der Katastrophe hat bei dem Aachener Observatorium nicht stattgefunden. gez. Observatorium /29/

1907 erschien in „Die Woche" ein Beitrag mit dem Thema „Die Erforschung des Luftmeers"! In diesem Artikel beschreibt Hauptmann Hildebrandt die Bemühungen, sich international an der Erforschung der wetterbedingten Einflüsse in den höheren Schichten der Atmosphäre u.a. durch Registrierballone zu beteiligen. So war das deutsche Vermessungsschiff „Möve" auf dem Nordatlantik zwischen Norwegen und Island unterwegs. Es diente als Plattform für Starts von Registrierballonen. Man vermutete hier extreme Wetterbedingungen. Eine Untersuchung dieser Gewässer und der sich darüber befindlichen Höhenschichtung erschien deshalb von größter Bedeutung.

24 Jahre später, im Juli 1931, begab sich das Luftschiff „Graf Zeppelin" (LZ 127) auf eine Forschungsfahrt durch die Arktis. Das Kommando lag bei Dr. Hugo Eckener. Das Luftschiff befand sich am 78. Breitengrad, als um 15:50 Uhr die „Graf Zeppelin" die ersten Eisschollen passierte und erstmals von einem Luftschiff aus ein Tandem-Registrierballon in die Stratosphäre entsandt wurde.

In der Praxis werden heutzutage drei verschiedene Typen stratosphärischer Ballone eingesetzt. Man unterscheidet zwischen „Zero Pressure Balloons", bei denen der Balloninnendruck am Füllansatz - abhängig von der Höhe - gleich dem Außendruck ist, den „Natural Shape Balloons", deren Hüllenform der natürlichen Form einer weichen Membran entspricht, so wie sie sich von Natur aus durch den nach oben hin wachsenden Innendruck einstellen würde, und den „Super Pressure Balloons", die geschlossen sind und demnach immer einen Überdruck aufweisen.

Bild 7-8: Aufstieg der meteorologischen Instrumente eines Registrierballons, südlich von Island./30/

Bild 7-9: Das Luftschiff „Graf Zeppelin" setzt auf der Arktisfahrt von 1931 Registrierballone als Tandem aus./31/

Die Wanddicke heutiger Stratosphärenballon-Hüllen liegt bei ca. 0,012 mm. Das Material ist Polyäthylen. Heute gibt es Ballone mit einem Volumen von 800.000 m³, bei einem Durchmesser von 120 m, die Nutzlasten von über 2 t in Höhen von 40 km transportieren können /32/. Vor 10 Jahren wurde die Aufstiegstechnik der Stratosphärenballone auch zur „Fallkörper"-Erprobung genutzt. Modelle von Wiedereintrittskörpern der Raumfahrt (Projekte MIKROBA und FALKE) wurden mit Ballonen einer Größe von ca. 600.000 m³ und mit einer Nutzmas-

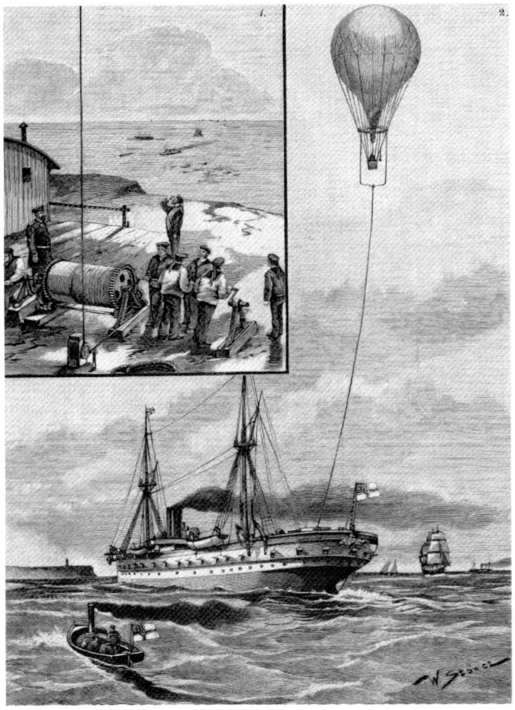

Bild 7-10:
In diesem Holzstich von 1892 werden „Versuche mit dem Fesselballon auf dem Meer bei Helgoland" dargestellt. Das kleine Bild zeigt die Helgoländerstation, das große die Beobachtung mit dem Fesselballon an Bord des Artillerie-Schulschiffes „Mars".

se von 500 kg in Höhen von 43 km getragen, um dann im „freien Fall" etwa 60 Sekunden schwerelos zur Erde zu fallen. Diese Untersuchungen wurden im nordschwedischen Kiruna von der Fa. OHB Systemtechnik, Bremen, durchgeführt (vergl. Kap. 12).

Gefesselte Registrierballone

Bereits im Jahre 1890 wurden vom Deutschen Verein zur Förderung der Luftschifffahrt in Berlin wissenschaftliche Untersuchungen mit kleinen Fesselballonen durchgeführt. Der Einsatz dieser Kugelballone war und ist jedoch sehr stark von den Windverhältnissen abhängig, da sie bei großer Windstärke bis auf den Boden gedrückt werden. Die Grenzwindgeschwindigkeit liegt bei 4 m/s. Ballonvolumina von bis 40 m³ sind üblich. Ihr Einsatz war zu Wasser und zu Land möglich.

7.3 Nordpolexpeditionen mit Aerostaten - Vision und Wirklichkeit

Der auf Bild 7-11 abgebildete Holzstich, um 1872 entstanden, gibt uns einen interessanten Einblick in die Wünsche und Vorstellungen des Künstlers für eine Nordpolfahrt (Bildmitte). Von einer Basisstation aus sollte ein bemannter Fesselballon an windstillen Tagen 500 m in die Höhe steigen, um von dort die Eisbewegungen zu beobachten und offene Fahrrinnen für Expeditionsschiffe auszukundschaften. Damit könnte z.B. der Nachschub für Nordpolexpeditionen gesichert werden (Bildfeld oben links). Gleichzeitig wird der Wunsch offenbar, mit einem lenkbaren Luftschiff die Expedition zu unterstützen (Bildfeld oben rechts). Das Luftschiff könnte man mit einem Schlitten, einem kleinen Boot und Proviant ausrüsten, damit auch im Falle eines „Verlustes" beim Landen die Rückreise möglich wäre. Das Gewicht aller dieser Ausrüstungsgegenstände gestattete dann aber sicherlich nur die Beförderung einer Person und höchstens noch eines zweiten Reisebegleiters. Der Künstler fragt, wer sich wohl zuerst einem solchen Aerostaten in jenen Zonen anvertrauen wird. „Die freundlichen Leser werden aufgefordert ihr Herz zu befragen und sich zu melden". Wie man aus dem Bildsektor Mitte links erkennt, wurde der Einsatz der optischen Telegraphen mit einbezogen.

7.3.1 Die Andrée-Expedition mit dem Ballon ADLER

25 Jahre lagen zwischen Wunsch und Realität. 1897 traten der schwedische Ingenieur Salomon August Andrée (1854-1897) und seine Begleiter Nils Strindberg und Knut Fraenkell in einem Gasballon die Reise zum Nordpol an. Das Projekt wurde begeistert aufgenommen. Der König,

Mäzene und die Öffentlichkeit brachten das Geld für die Durchführung des Unternehmens auf. Am 11. Juli 1897 startete der Ballon ADLER von der Däneninsel auf Spitzbergen aus „dem Pol entgegen“. Die Fahrt endete am 14. Juli auf tragische Weise nach 65 Stunden Fahrt, wie man aus den Tagebüchern von Andrée und Strindberg erfahren konnte. Die Tagebücher und Überreste der Expedition wurden 1930 von norwegischen Robbenjägern auf der Insel Vitö (80. Breitengrad, ca. 50 km östlich der Küste von Spitzbergen) gefunden. Die Eintragungen enden am 17. Oktober 1897./33/ /34/

Die Ballonexpedition war für maximal 30 Tage geplant worden und bei günstigen Windverhältnissen wäre die Beringstraße in 24 Tagen erreichbar gewesen! Bemerkenswert ist, dass Andrée zur Regulierung der Fahrthöhe ein langes Schlepptau benutzte, das mehr oder weniger lang über das Eis bzw. das Wasser schleifte. Das Schlepptau, bekannt als „wiedergewinnbarer Ballast“, war, wie sich später herausstellen sollte, letztlich eine Ursache für den unglücklichen Verlauf der Reise. Der Reporter J. Stadling hat am Starttag des ADLER fotografische Aufnahmen gemacht und sie als Holzstiche wiedergegeben.

7.3.2 Die Nobile-Expedition mit dem Luftschiff ITALIA

Das Schicksal der Ballon-Expeditionsteilnehmer Andrée, Strindberg und Fraenkel war noch ungeklärt, sie galten als verschollen, als am 23. Mai 1928 der italienische General Umberto Nobile, (vergl. Kap. 4.2.4 Kielluftschiffe), mit der ITALIA eine erneute Expedition von Spitzbergen aus zum Nordpol unter italienischer Flagge startete[5]. Zu seiner Besatzung gehörten 11 weitere Personen. Die Fahrt mit dem 15.900 m^3 großen Luftschiff sollte anderthalb Tage dauern. Das persönliche Reisegepäck war auf 5 kg/Person begrenzt. Bis zum Erreichen des Pols benötigte das Luftschiff 19 Stunden. Der ursprünglich geplante Abstieg zweier Wissenschaftler zum Zwecke ozeanologischer und magnetischer Messungen, sowie die Bestimmung der geografischen Lage konnte nicht erfolgen. Die Reise endete nach ca. 54-stündiger Fahrt mit einer Katastrophe. Durch verstärkten Nebel vereisten die Gasventile, die Vereisung der Hülle nahm zu und ein aufkommender starker Wind war die Ursache, dass das Luftschiff in kürzester Zeit im typischen Packeis mit zahlreichen kleinen, unregelmäßig angehäuften Eisblöcken zerschellte. Beim Crash wurde die Gondel von dem in Horizontalfahrt befindlichen Luftschiff abgerissen.

5: Nobile war bereits im Mai 1926 als Kapitän auf dem von ihm gebauten Luftschiff NORGE an einer Nordpolexpedition unter Roald Amundsen beteiligt gewesen.

Bild 7-11:
Eine Nordpolfahrt der Zukunft, Holzstich um 1872.

Bild 7-12: Die Abfahrt der ADLER von Spitzbergen nach Norden. Die Gebäude für die Unterbringung von Mensch und Gerät während der Vorbereitungszeit sind deutlich zu erkennen. Holzstich von 1898.

Die Hülle, in deren Innerem sich zu diesem Zeitpunkt sechs Mitfahrer aufhielten, bewegte sich wieder in die Höhe und flog weiter, was den sicheren Tod für diese Menschen bedeutete. Als einer von drei Überlebenden, darunter auch Nobile, hat Franz Behounek im November 1928 ein Buch über die „Sieben Wochen auf der Eisscholle" - der Untergang der Nobile Expedition - geschrieben./35/

(Anmerkung: Die Ursache für die beschriebenen Katastrophen mit dem Ballon ADLER und dem Luftschiff ITALIA waren nicht ausreichende „Tragkraftreserven", d.h. das Luftschiff bzw. die Hülle wurden zu schwer, trotz einer Gewichtsreduzierung durch den Kraftstoffverbrauch beim Luftschiff. Um zu demonstrieren, wie empfindlich sich die Tragkraft eines Aerostaten bei Veränderung der Außenlufttemperatur verhält, sei folgendes Beispiel erlaubt: Bei dem Volumen des Luftschiffes ITALIA bewirkt bereits ein Außentemperaturanstieg von minus 10 °C auf minus 6 °C die Tragmasse um ca. 230 kg zu reduzieren (10 Grad Temperaturdifferenz haben eine Tragkraftänderung von 3,4 % zur Folge). Gleichzeitig entstand ein Mehrgewicht durch

Bild 7-13: Der Ballon ADLER mit seinem doppelstöckigen Korb und dem aufgespannten Segel als beabsichtigter Steuereinheit. Das Volumen des Ballons wird einmal mit 5100 m³, ein anderes Mal mit 4800 m³ angegeben.

Mit dem Ballon zum Nordpol.

Von G. Imlauer.

Herr Cyprian Bronislaw Stiersky will ein berühmter Mann werden. Er wählt unter den noch zu lösenden Problemen. Er wirft sich mit allem Eifer auf die Lösung der Frage: Wie kann man mit dem Luftballon den Nordpol erreichen, ohne vom Winde abzuhängen? Da ihm die Moneten fehlen und er sich mit André nicht direkt ins Einvernehmen setzen kann, so begnügt er sich vorläufig, seine Ideen vorzuzeichnen, um sie dann berühmten Aeronauten und Polarreisenden zur Verfügung zu stellen. Das Prioritätsrecht auf Patentierung seiner Erfindung behält er sich aber unter allen Umständen vor. Als leitendes Prinzip gilt fast bei allen Arten: den Ballon möglichst in der Nähe des Bodens zu halten.

Ballon mit kleinem Dampfwagen. Ist der Wind günstig, fliegt der Ballon allein. Wenn nicht, wird ein kleiner Dampfwagen hinabgelassen, der ihn bequem gegen den Wind führt.

Ballon mit Enterhaken. Schlägt der Wind um, läßt man den Ballon beliebig sinken und führt ihn durch Einhauen der Enterhaken bequem über Packeis gegen den Wind. Dabei schwebt man immer angenehm.

Der Kanonenballon. Im Korb wird ein entsprechend großes Geschütz mit geführt. Das Geschoß ist an einer Kette befestigt. Geht Kontrawind, so wird ein Schuß nach dem anderen abgefeuert. (Das Geschoß wird immer zurückgezogen) Die Bewegung der Kugel reißt den Ballon gegen stärksten Wind.

Der Eskimoballon. Es werden Eskimos oder Lappen engagiert, welche vermöge ihrer gewohnten Bewegung auf dem Eise den Ballon an der Leine über alle Hindernisse zu führen haben. Taglohn wäre in Speck und Thran zu entrichten.

Stelzenballon. Um von den Bewohnern der Eisregion nicht abhängig zu sein, empfiehlt sich diese Art. Vermöge eines Motors, der zwei Riesenstelzen in Bewegung setzt, kann das Luftschiff auch gegen den Wind dahin schreiten.

Ballon a la Kreuzspinne. Dampfmotor wie beim Stelzenballon. Vier Gliederfüße schreiten immer zwei und zwei nach vorwärts. Bei offenem Wasser können selbe als Ruder verwendet werden. Besonders zu empfehlen!.

Der Eisbärenluftballon. Es werden in Varbö oder sonstwo sechs Eisbären als Zugtiere dressiert, was heutzutage nichts besonderes ist. Diese werden dem Ballon vorgespannt und führen denselben, vom Kutscher = Luftschiffer gelenkt, mit dem wandern auf dem Eise vertraut, dem Pole zu. Bei allen diesen Arten bleibt das Angenehme des Schwebens in der Luft und bequemen Überfliegens aller Hindernisse.

Der einfache Luftballon. Man wartet günstigen Wind ab und überläßt sich ohne besondere Vorrichtung demselben. Bläst er aber plötzlich konträr, dann bleibt man ruhig und entdeckt den –Südpol: das ist auch nicht schlecht!

Bild 7-15: Das Kielluftschiff ITALIA mit seinem Konstrukteur und Expeditionsleiter Nobile während einer Zwischenlandung in Stolp (Pommern), auf der Nordpolfahrt 1928.

die vereiste Hüllenoberfläche. So wurde die ITALIA bei einem Eis- bzw. Reifbesatz von 0,25 mm Stärke um ca. 1000 kg schwerer.)

7.3.3 Das Luftschiff GRAF ZEPPELIN auf Forschungsfahrt durch die Arktis

Im Sommer 1910 unternahm Graf Zeppelin mit dem Prinzen Heinrich von Preußen und dem Meteorologen Hergesell eine Studienfahrt mit einem Lloyd-Dampfer nach Spitzbergen./31/ Die Reise diente der Vorbereitung für eine Polarfahrt mit einem Luftschiff. Der erste Weltkrieg vereitelte das Vorhaben. 21 Jahre später, am 24. Juli 1931, startete das Luftschiff „Graf Zeppelin" (105.000 m³, 2750 PS) zur ersten Arktisfahrt./36/ Die Expedition stand unter der Leitung des Präsidenten der AEROSTATIG, Dr. Hugo Eckener. 46 Teilnehmer, darunter 12 Wissenschaftler aus vier Nationen, nahmen an der Fahrt teil. Der gewohnte „Komfort" des erfolgreichen Luftschiffes wurde auf dieser Reise klein geschrieben. Es wurde von Papiertellern gegessen, die Kabinen mussten von den Wissenschaftlern selbst gereinigt werden. Aller verfügbarer Platz und alles eingesparte Gewicht kam der Mitnahme von wissenschaftlichen Apparaten für Funktelegrafie, Fotografie und Film, Geodäsie, Meteorologie und Magnetometrie zu Gute. Die Expedition hatte nicht den sportlichen Ehrgeiz, den schon entdeckten Nordpol nochmals zu entdecken.

Die selbst gestellte Aufgabe der Expedition bestand vielmehr darin, zwischen Franz-Josef-Land und den nordsibirischen Inseln das versumpfte und vereiste Küstenland fotografisch aufzunehmen, den meteorologischen Verhältnissen der Arktis nachzuspüren und weiter ostwärts nach Neuland Ausschau zu halten. Während einer vorgesehenen Zwischenlandung am 27. Juli in der Bucht der Hocker-Insel wurde Kontakt mit einem russischen Dampfer aufgenommen. Die Wasserung des Luftschiffes dauerte 15 Minuten. In dieser Zeit wurde unter anderem die zur Finanzierung der Expedition so wertvolle Post von 680 kg ausgetauscht. Die Ironie des Schicksals wollte es, dass der Konstrukteur und Expeditionsleiter des 1928 tragisch verunglückten Polarluftschiffes ITALIA, Umberto Nobile, sich an Bord des russischen Schiffes aufhielt.

Die Arktisfahrt war für das Luftschiff „Graf Zeppelin" erfolgreich, konnte doch der Nachweis geliefert werden, dass das Starrluftschiff auch den besonderen Anforderungen der Polarregion gewachsen war. Mit dieser Fahrt wurde die Überlegenheit eines Großluftschiffes als Forschungsmittel in schwer zugänglichem Gebiet ins Bewusstsein gerückt. Nach Beendigung der 90-stündigen Fahrt hatte das Luftschiff noch so viel Betriebsstoff an Bord, dass man damit noch mit Reisegeschwindigkeit nach New York hätte weiterfahren können.

Starrluftschiffe standen in der Zeit von 1930 bis 1937 international jedoch unter keinem guten Stern. Das englische Luftschiff R101 (141.600 m^3) verbrannte am 5. Oktober 1930 in Nordfrankreich. Das amerikanische Luftschiff Akron (184.000 m^3) ging am 4. April 1933 in stürmischer See unter. Das Schwesterschiff Macon sackte am 13. Februar 1935 im schweren Sturm an der kalifornischen Küste ab.

Bild 7-16:
Der Schatten der „Graf Zeppelin" über der Stadt Archangelsk im Juli 1931 - ein Bild, das die ganze Faszination der Luftschifffahrt ausdrückt. /31/

8

Die Luftfahrt aus der Sicht der Rechtswissenschaft

Bild 8-1:
Im Jahr 1804 entstandenes Phantasiebild eines französischen Angriffs auf England zur Überwindung der Kontinentalsperre.

8

Bild 8-2:
Der Luftschiffer Laurenço de Gusmão bei der Ortsbestimmung in seinem Luftschiff La Passarola, Kupferstich 1714.

8.1 Luftrecht

Lange ersehnt und fast plötzlich erschienen um 1906 bis 1910 neben den bekannten Ballonen die lenkbaren Luftschiffe und die ersten Flugmaschinen (Flugzeuge). Auf der einen Seite mussten nun Rechtsfragen in Verbindung mit der Luftfahrt geklärt werden, die dadurch auftraten, dass in Kriegszeiten von belagerten Plätzen aus Ballone die Belagerungslinie durchbrachen, oder dass Fesselballone empor stiegen, um die Stellungen des Feindes auszuspähen. Auf der anderen Seite herrschte Euphorie, dokumentiert nicht zuletzt durch viele kursierende Karikaturen und Zeichnungen, die Zukunftsvisionen darstellten (Halteplätze für Ballondroschken, Luftschiffsanatorien etc. vergl. hierzu die Bilder in Kapitel 15.2).

Es entsteht um die Luftschifffahrt ein Trubel, der ihr gefährlich zu werden droht. Luftfahrt ist Trumpf, Luftfahrt ist Sensation. Die Feiern und Kundgebungen nehmen kein Ende. Mit Ausnahme von Graf Zeppelin und eines kleinen Kreises tut nun alle Welt so, als ob auf einmal sämtliche Wünsche erfüllbar wären. Typisch für diese Zeit ist das folgende Beispiel: Als Graf Zeppelin vor 700 Professoren und Studenten aus Tübingen - die alle gekommen waren, ihn zu feiern - von der Notwendigkeit einer Verkehrsordnung für Luftschiffe und die Schaffung internationaler Regelungen sprach, wurde die ernst gemeinte Idee als guter Witz aufgefasst und Graf Zeppelin ausgelacht.

Bald darauf beschäftigte sich die Jurisprudenz mit der Thematik; der Luftfahrbetrieb griff nach allen Richtungen in das Rechtswesen ein. Eine Spezialgesetzgebung über das Recht der Luftfahrt gibt es bis 1910 in keinem Staat. Man bemühte sich international im Rahmen von Konferenzen in Paris (1910), Madrid (1911) und Heidelberg (1911) juristisch einen Rechtsvertrag zu vereinbaren. Der deutsch-österreichische Juristentag von 1912 in Wien behandelte nur ausschnittsweise Luftschiffrechte, namentlich die Frage des Ersatzes von Schäden, die durch den Luftflug entstanden.

Im Juli 1909 fasst Professor Friedrich Meili die gesetzlich relevanten Punkte der neuen Verkehrsmittel in seiner Publikation „Ballons, Flugmaschine und die Jurisprundenz“ zusammen.

Dazu zählen unter anderem:

- Zusammenstöße von Luftschiffen untereinander und mit anderen Flugmaschinen sowie Kollisionen mit Gebäuden
- Gefahren aus der Luft für Bewohner
- Fragen der Nationalität, weil in Luftschiffen auch Geburten vorkommen können
- Fragen zur Haftpflicht
- Luftrechtliche Passagierverträge, Warentransportverträge und Dienstverträge mit den Angestellten

Bild 8-3: Humoristische Darstellung der Luftkontrolle um 1910.

Aus der Luft könnten aber auch Verbrechen begangen werden. Es war hier nötig, sich juristisch Klarheit zu verschaffen, wer einzugreifen hat. Das internationale Recht war hier gefragt. Jeder Staat fand es ganz begreiflich, dass er die Luftgebiete des anderen Staates mit Ballonen und Luftschiffen überfliegen könne, aber er machte sofort eine ernste Miene, wenn sich andere Staaten das Gleiche bei ihm erlaubten.

Was gilt bei einem Krieg zwischen den Staaten?

Die damalige (1910) Rechtswissenschaft wies drei Haupttheorien aus, die von französischen, italienischen und deutschen Juristen getragen wurden, auf die hier aber nicht näher eingegangen wird. Der Luftraum ist frei von jeder Staats- und Rechtsherrschaft. Er ist nur dem Völkerrecht unterworfen.

Wie aber definiert man den Luftraum? Ein Vorschlag sah folgendermaßen aus: Man denkt sich den Luftraum in zwei Schichten geteilt; in eine untere auf der Seite der Erde gelagerte Binnenluft oder Küstenluft und eine oberhalb tief in den Weltraum reichende freie Luft. Die innere Schicht soll Inlandsraum des Bodenstaates sein, Herrschaftsraum seines öffentlichen und privaten Rechts und soll zugleich auch das Recht des Grundstückseigentümers an der Luftsäule nach oben begrenzen. Diese Theorie war nicht brauchbar, da keine Einigung über die Höhe der Binnenluft gefunden werden konnte (Kriterien waren z.B. die höchsten Bauwerke der Erde, z.B. der Eiffelturm mit 300 m, bzw. Höhen von 50 bis 70 Meter, bzw. 1000 bis 1500 Meter). Es gab Vorschläge, die Grenzen der Rechtssphäre und des Staatsgebiets soweit in die Höhe gehen zu lassen, als jeweils der Bodenstaat durch Kanonenschüsse oder durch andere Maßregeln eine Zwangsherrschaft in der Luft empor ausüben kann. (Senkrechte Steilschüsse in die Luft erreichten seinerzeit mit Kanonen der Fa. Krupp Höhen bis zu 11,5 km.)

Machen wir einen Zeitsprung in unser heutiges Raumfahrtzeitalter, so hören die nationalen Rechte mit der Atmosphäre in einer Höhe von ca. 75 km auf. Darüber herrscht Weltraumrecht, d.h.

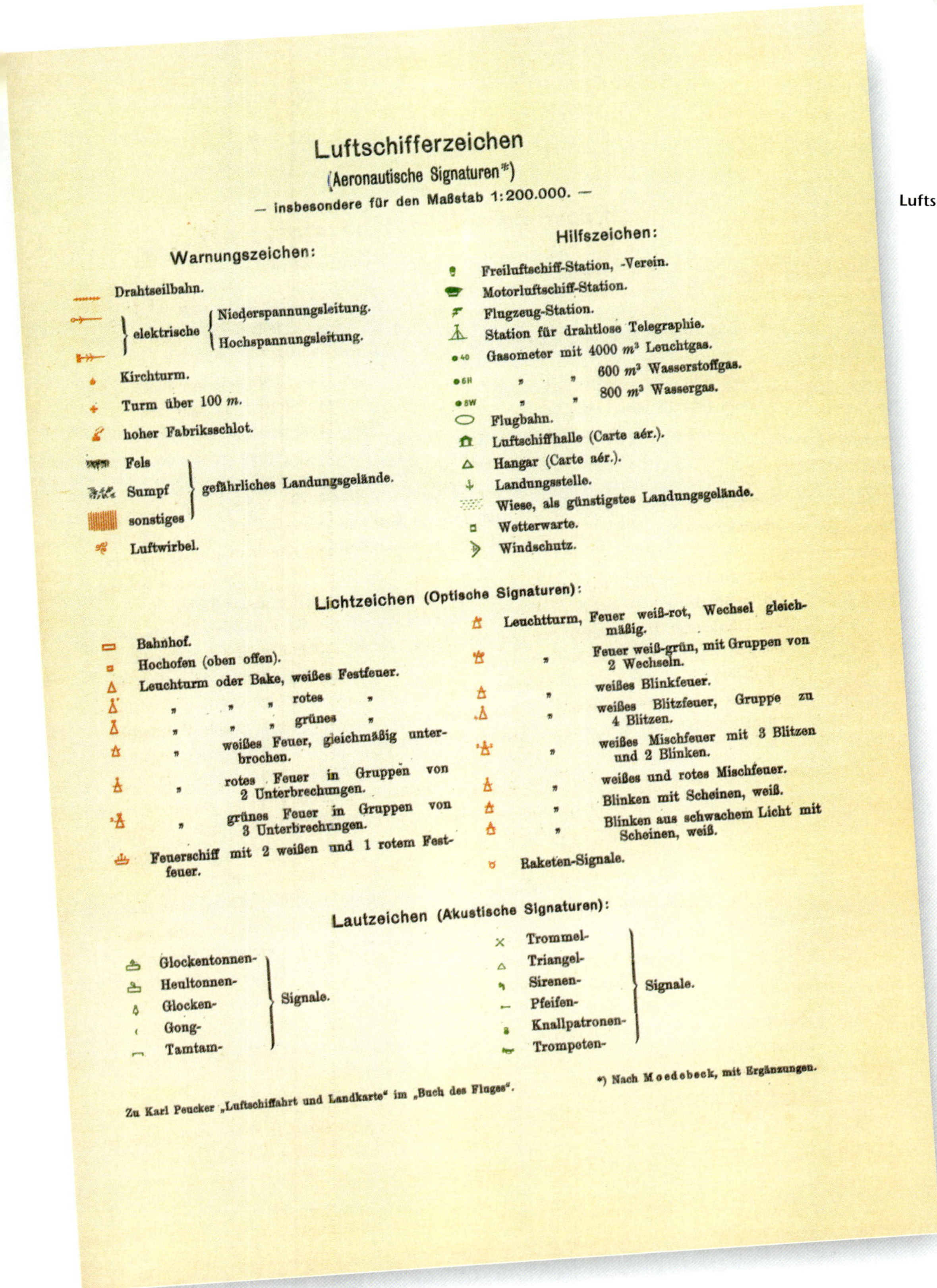

Luftschifferzeichen

(Aeronautische Signaturen*)

— insbesondere für den Maßstab 1:200.000. —

Warnungszeichen:

Drahtseilbahn.

elektrische { Niederspannungsleitung. / Hochspannungsleitung.

Kirchturm.

Turm über 100 *m*.

hoher Fabriksschlot.

Fels / Sumpf / sonstiges } gefährliches Landungsgelände.

Luftwirbel.

Hilfszeichen:

Freiluftschiff-Station, -Verein.

Motorluftschiff-Station.

Flugzeug-Station.

Station für drahtlose Telegraphie.

Gasometer mit 4000 m^3 Leuchtgas.

" " 600 m^3 Wasserstoffgas.

" " 800 m^3 Wassergas.

Flugbahn.

Luftschiffhalle (Carte aér.).

Hangar (Carte aér.).

Landungsstelle.

Wiese, als günstigstes Landungsgelände.

Wetterwarte.

Windschutz.

Lichtzeichen (Optische Signaturen):

Bahnhof.

Hochofen (oben offen).

Leuchtturm oder Bake, weißes Festfeuer.

" " " rotes "

" " " grünes "

" weißes Feuer, gleichmäßig unterbrochen.

" rotes Feuer in Gruppen von 2 Unterbrechungen.

" grünes Feuer in Gruppen von 3 Unterbrechungen.

Feuerschiff mit 2 weißen und 1 rotem Festfeuer.

Leuchtturm, Feuer weiß-rot, Wechsel gleichmäßig.

" Feuer weiß-grün, mit Gruppen von 2 Wechseln.

" weißes Blinkfeuer.

" weißes Blitzfeuer, Gruppe zu 4 Blitzen.

" weißes Mischfeuer mit 3 Blitzen und 2 Blinken.

" weißes und rotes Mischfeuer.

" Blinken mit Scheinen, weiß.

" Blinken aus schwachem Licht mit Scheinen, weiß.

Raketen-Signale.

Lautzeichen (Akustische Signaturen):

Glockentonnen- / Heultonnen- / Glocken- / Gong- / Tamtam- } Signale.

Trommel- / Triangel- / Sirenen- / Pfeifen- / Knallpatronen- / Trompeten- } Signale.

Zu Karl Peucker „Luftschiffahrt und Landkarte" im „Buch des Fluges".

*) Nach Moedebeck, mit Ergänzungen.

Bild 8-4: Luftschifferzeichen /4/

der Mond gehört allen Nationen gemeinsam!
Der Staat musste aber auch dafür Sorge tragen und namentlich Bestimmungen darüber aufstellen, dass das Luftschiff luftmeertüchtig ist und die nationale Flagge des Auffahrstaates trägt. Sodann mussten bestimmte Qualifikationen hinsichtlich der Verantwortlichen, des Steuerungspersonals und der Angestellten statuiert werden. Einen entscheidenden Beitrag dazu lieferte 1908 Graf Zeppelin. Er schlug dem Verein Deutscher Ingenieure (VDI) die Gründung einer Prüfungsanstalt für Erfindungen vor. Graf Zeppelin erklärte sich bereit, durch eine größere Stiftung zur Schaffung des Grundkapitals beizutragen. Die Stiftung sollte sich der finanziellen Förderung guter Ideen annehmen.
Erwähnt werden soll auch, dass der Luftmäzen Henry Deutsch de la Meurthe (auch Stifter des Preises „Umrundung des Eiffelturms", den Santos-Dumont 1901 gewann) der Universität Paris 1910 eine halbe Million und einen jährlichen Betrag von 150.000 Franc für die Gründung eines aerotechnischen Instituts schenkte, u.a. zur Klärung technischer und rechtlicher Fragen.

8.2 Luftschiffkarten und -zeichen

Karl Pencker beschreibt in seinem Artikel „Luftfahrt und Landkarte" die Notwendigkeit, sich als Luftschiffer im Landschaftsbild zurechtzufinden. Die Landkarte wurde zur Begleiterin des Luftschiffers. Schon vor der realen Luftschifffahrt zeigt ein Bild, das der Patentschrift für das Luftschiff des Portugiesen Bartholomeu Laurenço de Gusmão vom Jahre 1709 beigegeben war, wie der Aeronaut in seinem Schiff stehend mit einer Karte in der Hand und mit Hilfe des Himmelsglobus und eines Quadranten die Höhe der Sonne misst, um dadurch die Stelle des Landes ausfindig zu machen, über welcher er sich befindet.
Auf die Schaffung besonderer Luftschifferkarten wurde der Gedanke erst mit den Anfängen der Lenkbarkeit von Luftfahrzeugen gerichtet. Der Vater dieser Idee war Hermann Moedebeck (1857-1910). Er schlug vor, für Luftschiffer besondere aeronautische Karten zu zeichnen, vor allem mit eingezeichneten Landegebieten, bei denen man windgeschützt Zuflucht finden könnte. Um 1908 wurden bestehende Karten umgezeichnet und durch aeronautische Zeichen zur Orientierung und Sicherung der Luftschiffer ergänzt.
So gehören an der Meeresküste z.B. alle optischen und akustischen Signaturen der Seefahrt auch in die Luftschiffkarte, im Binnenland sollten insbesondere elektrische Leitungen, Schwebebahnen, Gasometer etc. eingezeichnet werden. Am 1. April 1908 legt die internationale Kommission für aeronautische Landkarten, der 10 Mitgliedsstaaten angehören, darunter Japan und Ostindien, einen ersten Bericht vor. Die offiziellen Karten sind im Maßstab 1:100.000 oder 1:80.000 gezeichnet. (Zum Vergleich: heutige Straßen-Generalkarten sind im Maßstab 1:200.000 gedruckt, d.h. 1 cm auf der Karte entspricht 2 km am Boden.)
Auch Graf Zeppelin gehörte der Kommission an und brachte seine Vorstellungen in Form Zeppelinscher Flugkarten ein. Seine Karten waren durch farbig angelegte Höhenschichten ergänzt. Diese Ergänzung hatte den Vorteil, dass unschwer mittels der Karte der niedrigste und breiteste Pass über einen Gebirgszug zu finden und anzusteuern war. Ein weiterer Vorteil lag darin, dass bei Ansteuerung des Passes unnötig große Höhen vermieden wurden, was zur Gaseinsparung führte, da sich das Gas in der höheren, dünneren Luft ausdehnt. Dies wiederum bewirkt eine Öffnung der Sicherheitsventile, wobei Gas aus dem prall gefüllten Luftschiff bzw. Ballon entweichen würde.

Die Luftschifferkarten mit ihren aeronautischen Zeichen und den farbigen Höhenschichten trugen dazu bei:

1. Die Sicherheit des Luftfahrers oder Fliegers während der Fahrt, beim Landen und nach der Landung zu erhöhen.
2. Seine Orientierung für die terrestrische Navigation, durch Zeichen für Stationen, welche die Nachfüllung von Gas und sonstigen Betriebsmitteln gestatten, bei Nacht und Nebel oder über den Wolken, zu verbessern.
3. Rücksichten auf ein erweitertes Landegebiet zu nehmen.

12. Jahrgang No. 20

München, 12. August 1907

SIMPLICISSIMUS

Herausgeber: Albert Langen

Abonnement vierteljährlich 3 Mk. 60 Pfg.

In Oesterreich-Ungarn vierteljährl. K. 4.40

(Alle Rechte vorbehalten)

Die Luftschiffahrt in Deutschland

(Zeichnung von Th. Th. Heine)

Um das lenkbare Luftschiff zu erfinden, wurde viel Fleiß und Genie aufgewendet. Aber noch mehr wird aufgewendet werden, um Polizeiverordnungen zu erfinden, welche die Lenkbarkeit wieder einschränken.

Bild 8-5:
„Um das lenkbare Luftschiff zu erfinden, wurde viel Fleiß und Genie aufgewendet. Aber noch mehr wird aufgewendet werden, um Polizeiverordnungen zu erfinden, welche die Lenkbarkeit wieder einschränken." Zeichnung von Th.Th. Heine im Simplicissimus No. 20, 1907.

9

Ballon- und Luftschiff-Einsätze im Krieg und zur Propaganda

Traurig aber wahr ist das Sprichwort: Der Krieg ist der Vater aller Gedanken. Dies trifft im Besonderen auf die technische Entwicklungsgeschichte der Ballone und Luftschiffe bis zum Ende des ersten Weltkrieges zu. Erstmals wurden Aerostaten in der Schlacht von Fleurus am 26. Juni 1794 zur militärischen Aufklärung eingesetzt. Es ist daher naheliegend, dass der Großteil der Ballon- und Luftschiffpioniere Militärangehörige waren. Unter dem Gesichtspunkt der strategischen Überlegenheit aus der Luft wurden militärische Luftschifferabteilungen gegründet, so z.B. in Frankreich - hier entstand am 2. Juni 1794 die erste Luftschifferkompanie der Geschichte -, in Deutschland, Italien, der Schweiz und Österreich. Die Luftfahrtgeräte wurden zum ständigen Begleiter des Kriegsgeschehens. Zunächst kamen Fesselballone zur Beobachtung der feindlichen Linien zum Einsatz.

Zeitgenössische Vorstellungen

Nicht nur die „Konstrukteure" der Aerostaten, sondern vor allem phantasievolle Schriftsteller, Maler und Zeichner entwarfen oft beängstigende Szenarien in Bildern und Beschreibungen von möglichen kriegerischen Ereignissen, die die zerstörerische Wirkung von Sprengmaterial zum Gegenstand hatten. In Wirklichkeit gestalteten sich die Ereignisse nicht so furchtbar. Auf der Haager Friedenskonferenz von 1898 wurde u.a. Folgendes beschlossen: „Die Vertragschließenden Mächte willigen für die Dauer von fünf Jahren ein, das Werfen von Geschossen aus Luftballons oder durch analoge Mittel, zu untersagen". Frankreich und Deutschland hielten sich bis zum 18. Oktober 1907 an diesen Beschluss. Die „Kraftballone" - als lenkbare Luftschiffe - waren um 1880 noch nicht zufriedenstellend erprobt bzw. „serienreif". Um sich ein Bild von den Ideen und Vorstellungen der damaligen Zeitgenossen zu machen, ist der nebenstehend abgebildete Ausschnitt aus der „Deutschen Illustrirten Zeitung" von 1885 bestens geeignet. In ihm wird beispielhaft die Beschreibung und Abbildung 9-2 eines lenkbaren Kriegsluftschiffes wiedergegeben.

„Moderne aeronautische Bestrebungen: das Torpedowesen in der Luft". Auf Bild 9-4 sehen wir Ballone, gekoppelt an den vorab fahrenden bemannten Führungsballon, über ein Kriegsgebiet fahren, wobei von den unbemannten Ballonen die Torpedos als Vernichtungswaffen abgeworfen werden. Nach dem Abwurf eines Torpedos steigt der nun leichtere Ballon in die Höhe, allerdings immer noch durch ein Seil mit dem Führungsballon verbunden. Die Flughöhe sollte so gewählt werden, dass weitgehende Sicherheit gegen Gewehr- und Geschützkugeln möglich war. Bedenkt man ferner, dass Fessel- und Kraftballone der damaligen Zeit über ein Gasvolumen von 600 m^3 bzw. 4000 m^3 verfügten, so musste dafür gesorgt werden, dass in der Gewichtsbilanz genügend großer Manövrier- und Landungsballast für Hin- und Rückfahrt, sowie für die Landung, vorhanden war. Der verbleibende Rest der Tragmasse hieß dann sinnigerweise Kampfballast, der über dem Ziel abgeworfen wurde.

Neues lenkbares Kriegsluftschiff.

(Hierzu die Abbildung auf S. 256.)

Kriege zu Land und zu Wasser wurden geführt, soweit unsere geschichtlichen Kenntnisse reichen; nun scheint es aber uns Epigonen des seinem Ende zueilenden XIX. Jahrhunderts vergönnt zu sein, noch mit zu erleben, daß der Kriegsschauplatz in die Luft verlegt wird! Der Kapitän Karl W. Petersen in New York — unter einem „Captain“ scheinen es die Amerikaner nun einmal nicht zu thun — hat daselbst zwei Modelle eines neuen Luftschiffes ausgestellt, von denen das eine für Kriegszwecke, das andere zur Beförderung von Passagieren und Waaren bestimmt ist. Der Erfinder hat sich bereits 78 Verbesserungen an Luftballons patentiren lassen und wird nächstens noch weitere 250 Erfindungen dieser Art beim Patentamte anmelden; daß der Mann ideenarm wäre, könnte man demnach nicht gerade behaupten.

Der aus feuersicherem, sehr leichtem Stoffe angefertigte Ballon hat die Form einer an beiden Enden zugespitzten Cigarre, um der Luft möglichst wenig Widerstand entgegen zu setzen. Der an Drähten unter dem Ballon hängende Wagen ist aus dem gleichen Grunde so geformt, daß der Querdurchschnitt ebenfalls einen Kreis beschreibt. Durch ein mitschiffs angebrachtes Ruder kann das Fahr- oder vielmehr Flugzeug im kleinsten Kreise wenden und gleich leicht vor- wie rückwärts sich bewegen. Die unter dem Ballon angebrachten Propellerschrauben dienen dazu, es nach Belieben steigen und sinken zu lassen. Es ist daher nicht mehr notwendig, zu den alten Mitteln zu greifen und je nachdem Gas aus dem Ballon entweichen oder Ballast auswerfen zu lassen. Der Verschwendung von Gas ist damit ein Riegel vorgeschoben, und da man es vermöge der Schrauben in der Hand hat, den Ballon sich nur wenige Fuß über der Erde erheben zu lassen, so ist die Gefahr für Leben und Eigentum auch geringer. Die Propellerschrauben werden durch einen elektrischen Motor in Thätigkeit versetzt. Eine der wesentlichsten Vorteile der neuen Erfindung besteht in der Möglichkeit, mehrere solcher Ballons hinter einander zu kuppeln und einen förmlichen Zug daraus zu bilden.

Es hat sich bereits eine Gesellschaft mit einem Grundkapital von 100 000 Dollars konstituirt, um die Ideen des Kapitäns Petersen zur Ausführung zu bringen und Luftschiffe zu erbauen. Hat vielleicht Einer unserer geneigten Leser Lust, sich an diesem Geschäft zur Erbauung von Luftschlössern, wollte sagen Luftschiffen zu beteiligen, so wollen wir ihm auch die Adresse verraten, an welche er sich wenden muß: die Büreaux der Gesellschaft befinden sich in New York, Broadway 231. Br.

Bild 9-1: Original-Textkopie zum „Neuen lenkbaren Kriegsluftschiff“, siehe Bild 9-2

9

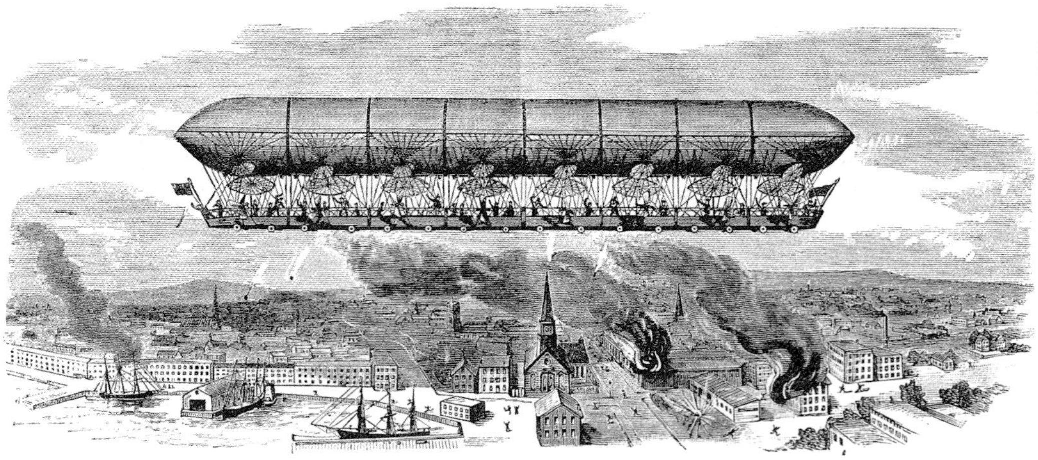

Bild 9-2:
Zeitgenössische Darstellung eines Bombenangriffs des projektierten Petersen-Luftschiffes auf eine Hafenstadt (Quelle: Deutsche Illustrirte Zeitung, 1. Jg., Nr. 38, 1885).

Bild 9-4:
„Moderne Aeronautische Bestrebungen: das Torpedowesen in der Luft. Es handelt sich um ein Phantasiebild aus dem Jahre 1886.

LE MONDE ILLUSTRÉ

ABONNEMENTS POUR PARIS ET LES DÉPARTEMENTS

BUREAUX
13, QUAI VOLTAIRE
28e Année. N° 1442 — 15 Novembre 1884

DIRECTION ET ADMINISTRATION, 13, QUAI VOLTAIRE

Directeur : M. PAUL DALLOZ

Secrétaire de la Rédaction : M. ÉDOUARD HUBERT

AÉROSTATION MILITAIRE. — Le Ballon dirigeable rentrant au Chalais, après l'expérience du 8 novembre. — (Dessin de M. Urrabieta.)

Bild 9-3:
Am 15. November 1884 veröffentlichte die französische Zeitschrift „Le Monde Illustré" die Darstellung eines militärischen Luftschiffs. Es wird von Soldaten aus dem Hangar gezogen. Links im Bild erkennt man eine Gaserzeugungsanlage (Quelle: Le Monde Illustré, 15. Nov. 1884).

Bild 9-5 und 9-6: Luftschifferabteilung der Deutschen Armee nach E. Hosang. In der Erde eingegrabener Ballon; Gastransport in Ballons an der Küste. (Quelle: „Illustrirte Zeitung", 21. April 1894)

Manöverübung

Die Angehörigen (Soldaten) der Luftschifferabteilungen mussten auch den Umgang mit den Fesselballonen im Manöver üben, um im Kriegsfall gewappnet zu sein. Hierzu gibt die „Illustrirte Zeitung" vom 21. April 1894 in Berlin folgenden, sowohl für den damaligen wie für den heutigen Leser, interessanten Artikel wieder:

„Bei der Luftschifferabteilung

Selten nur erfährt das große Publikum etwas von der Thätigkeit der Luftschifferabteilung der deutschen Armee, die auf ihrem abgeschlossenen Terrain in der Südecke des westlichen Theils des Tempelhofer Feldes unablässig arbeitet und experimentirt und von dort aus auch ihre Auffahrten unternimmt. Selbst die Berliner haben höchst selten Gelegenheit, einmal eine Uebung der Luftschifferabteilung mit ihren von Trainsoldaten gefahrenen Wagen und sonderbaren Apparaten zu sehen. Nur wer draußen im Süden und Südwesten Berlins Touren macht, kann wohl hin und wieder die Luftschifferabteilung bei ihrer Thätigkeit aus der Entfernung beobachten.

Bild 9-8:
Übung mit Fesselballon an Bord von Torpedobooten um 1897. Zeichnung von Willy Stöwer.

Bild 9-9:
Kavallerie-Attacke auf eine Luftschifferabteilung. Skizze von E. Hosang (Quelle: „Illustrirte Zeitung“ vom 29. September 1898).

So viel aber steht fest, dass für den Fall eines Krieges Deutschland mit seiner Luftschifferabeilung nicht hinter den Erfindungen und Einrichtungen anderer Staaten zurückstehen wird.
Im Manöver und im Feldzuge wird es sich fast immer um Fesselballons handeln. Nur beim Verlassen von Festungen oder blockirten Lagern wird man sich der freien Ballons bedienen. Über diese freien Ballonfahrten ist das Publikum durch die Zeitungsberichte genügend unterrichtet. (...) Es handelt sich also im freien Felde meist um Fesselballonfahrten. Bei ruhigem Wetter kann der Ballon 600 Mtr. aufsteigen, und es lassen sich von dort aus vortreffliche Beobachtungen anstellen. Man kann mit guten Gläsern aus dieser Höhe auf die Entfernung von 15 Kilometern bei anrückenden Truppen noch die Uniformen unterscheiden. Aus dem Fesselballon kommen die Nachrichten durch das Telephon herunter, dessen Drähte in den Haltetauen verborgen sind. Kartenskizzen oder schriftliche Mitteilungen werden in Blechbüchsen ebenfalls an dem Haltetau heruntergelassen; dann gehört aber ein besonderer Wagen mit einer Winde dazu, die den Ballon gleichmäßig einholt und das Tau auf einer Trommel aufwickelt. Steigt der Ballon nur in die Höhe von 100 bis 200 Mtr. – und bei bewegter Luft wird ein höheres Steigen kaum möglich – so braucht man nicht den Wagen mit der Winde, sondern der Ballon wird von Mannschaften an

Bild 9-7:
Beispiel für die vergleichende Sichtweite vom Leuchtturm von Bilk und einem Fesselballon am gleichen Standort. Von dem 30 m hohen Leuchtturm geht die Sicht durch die Erdkrümmung bedingt bis zu 20 km, vom Korb eines Fesselballons in 3500 m Höhe geht die Sicht bis zu 210 km (Quelle: „Illustrirte Zeitung" vom 15. Juli 1897).

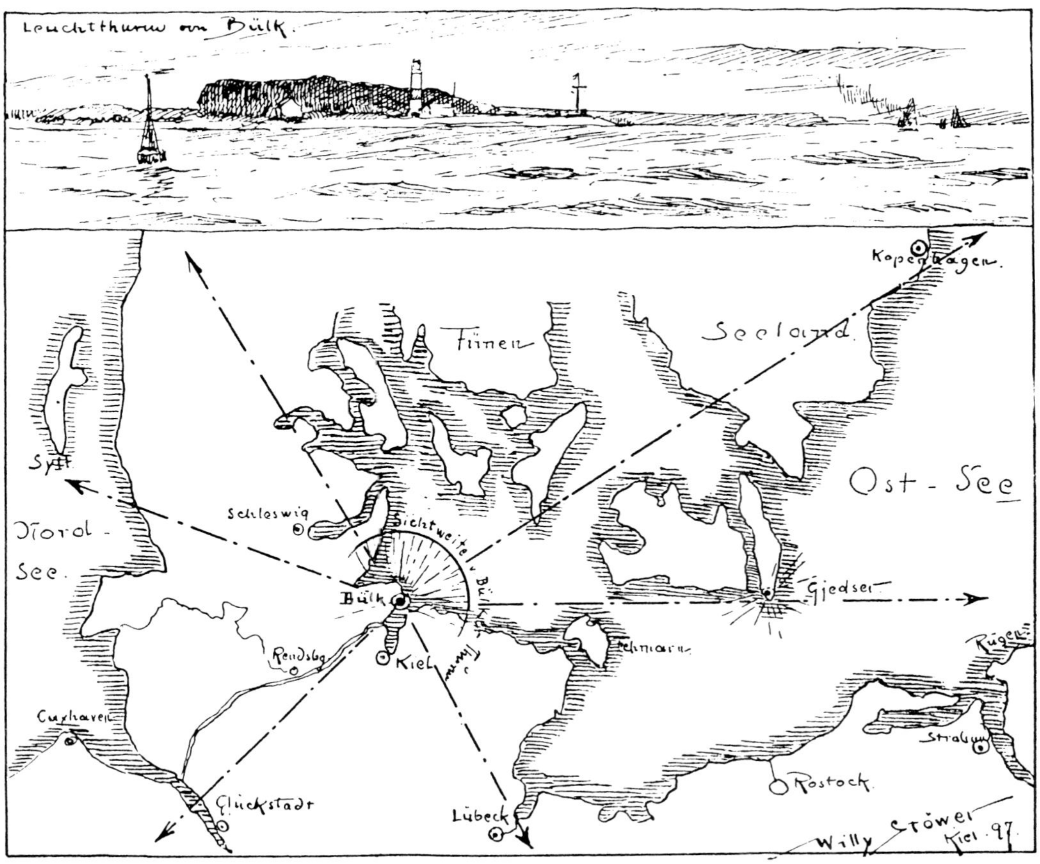

Vergleichende Sichtweite vom Leuchtthurm von Bülk und vom Fesselballon.

Bild 9-10: Französischer Beobachtungsballon. Die Franzosen schufen bald nach Beginn des ersten Weltkrieges eine Kombination zwischen Gasballon und Flugzeug, die sich jedoch nicht bewährte.

vier Haltetauen festgehalten. Mittels dieser vier Haltetauen kann der Ballon im Terrain hin- und herbewegt werden, indem die Mannschaften, die die vier Taue festhalten, sich mit diesen in Marsch setzen.

Diese Bewegung des Ballons ist sehr wichtig im Ernstfall. Auf 1500 Mtr. ist dem Ballon nämlich noch Infanteriefeuer schädlich, auf 5 Kilomtr. noch Artilleriefeuer; ein Herunterschießen des Ballons (wobei übrigens die Gefahr nicht so groß ist, da der Ballon nur langsam sinkt) kann man nur dadurch vermeiden, dass man den Standpunkt des Ballons fortwährend verändert.

Die zweite Abbildung zeigt uns im Manöver einen Fesselballon, den man wieder zur Erde heruntergezogen hat, und den man am nächsten Tage noch weiter verwenden will. Man gräbt eine tiefe Grube und setzt den Ballon mit mehr als die Hälfte seines Umfanges in die feuchte Erde hinein, damit die Kühle das Gas verdichtet und das Ausströmen des Gases durch die Ballonhülle vermindert. Man braucht am nächsten Morgen nur den Ballon aus einigen Stahlzylindern nachzufüllen, um ihn wieder fertig zur Verwendung zu haben.

Auf Wegen, auf denen die Gefährte mit den Gascylindern nicht fahren können, also z.B. an der Küste (man hat ja jetzt auch mit Fesselballons auf Kriegsschiffen Versuche gemacht) oder im Gebirge, füllt man den Inhalt je eines Gascylinders in kleine Ballone, wie das entsprechende Bild zeigt. Diese kleinen Ballons transportirt man dann bis zu dem großen und läßt den kleinen Ballon innerhalb des großen sich seines Gasinhalts entleeren. A.D.Kl.

Als die Parsevalluftschiffe aufkamen, verwendete man diese zudem für den Transport von Geräten und Material bei schwierigem Gelände und über kleinere Distanzen. Die steuerbaren Luftschiffe wurden primär zum Transport von Bomben über Wasser und Land eingesetzt. An dieser Stelle soll aber auch nicht unerwähnt bleiben, dass Bertha von Suttner (1843-1914),

Bild 9-12:
Deutsche Luftschiffe im Scheinwerferlicht und Abwehrfeuer über London im Jahre 1916.

Friedensnobelpreisträgerin von 1905, und die „Bewegung der Friedensfreunde" sich 1909 gegen die „Barbarisierung der Luft" gewehrt haben. Aus ihrer Sicht sollte die Luftschifffahrt ein Werkzeug des Friedens werden.
Auch in Sachen Propaganda waren Luftschiffe besonders im ersten Weltkrieg auf breiter Front im Einsatz. Und ihren hohen Aufmerksamkeitswert machten sich Mitte der dreißiger Jahre natürlich die Nationalsozialisten zunutze, die sie als geeignetes Medium für eine „militärische Erziehung" in ihrem Sinne instrumentalisierten.

Bild 9-11:
Kriegspostkarte aus dem ersten Weltkrieg – ein verliebtes Paar und die Suchscheinwerfer...

10

Ballonpost – Luftschiffpost

Bild 10-1: „Große Luft-Postkugel", beliebtes satirisches Motiv zur Verspottung der Aeropetomanie, Scherzbild aus dem Jahre 1784.

Der Transport von Briefen mit Ballonen wurde erstmals 1859 durch den amerikanischen Piloten John Wise praktiziert. Die Idee dazu gab es aber schon kurz nach Auftreten der Ballone im Jahr 1783. Der Künstler B. A. Dunker stellte 1784 seine „Große Post-Luft-Kugel" vor. Sie war für den Post- und Passagierdienst der Zukunft konzipiert, um eine Reise nach China anzutreten. Auf der Hülle steht das Jahr 2440. In zahlreichen Museen und Sammlungen befinden sich viele Versionen dieser phantastischen und satirischen Darstellung. Im Jahre 1835 wurde von der „Aeronautischen Gesellschaft" in London das erste Post-Luftschiff-Projekt, der „ADLER", öffentlich ausgestellt. Es sollte 48 m lang, 15 m hoch und 12 m breit und mit einer Besatzung von 17 Personen bemannt werden. Sein Erbauer, der französi-

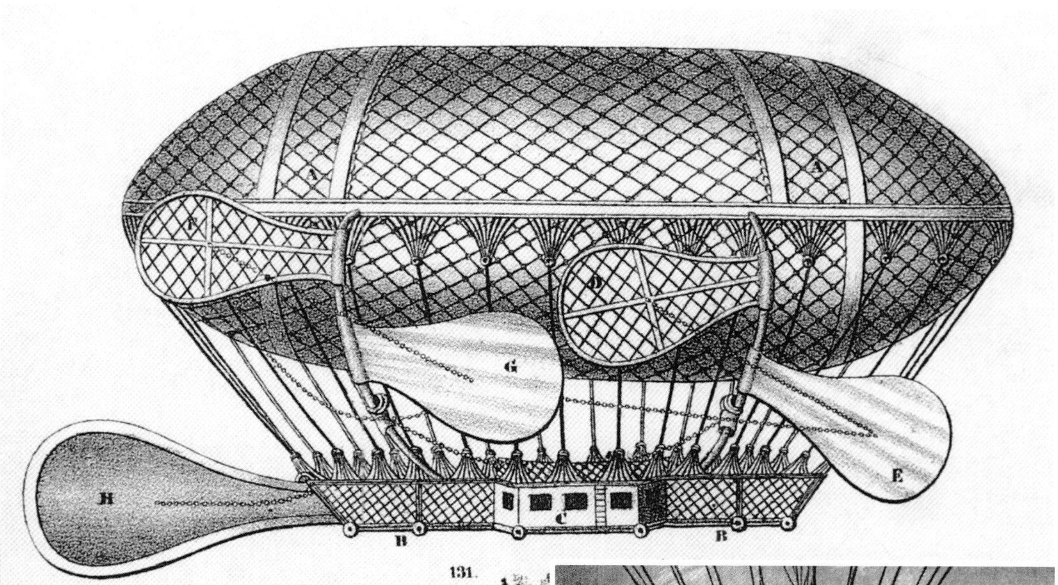

Bild 10-2:
Das erste Postluftschiff, der ADLER, 1835 entworfen vom Grafen Lennor.

sche Graf N. de Lennor, beabsichtigte nichts Geringeres als dieses „Monstrum" in den Dienst eines geregelten internationalen Luftverkehrs zu stellen, um eine Verbindung zwischen den Hauptstädten Europas einzurichten. Er gründete zunächst in Paris, dann am 2. Juli 1835 in London eine „Europäische Luftschiffahrt-Gesellschaft" (ELG). Das Projekt wurde nie verwirklicht. Während die ELG zwar nur auf dem Papier bestand, war sie doch die Vorläuferin der „Luft Hansa"!

Bild 10-3:
Gaston Tissandier, der Mitbegründer der Ballonpost, verlässt am 30. September 1870 mit dem Ballon CELESTE alleine, aber mit 80 kg Post und drei Brieftauben Paris. Ballonvolumen 780 m³. Nach einer 2-stündigen Fahrt von 68 km erleidet er bei der Landung einen Armbruch.

10.1 Die Ballonpost und die Belagerung von Paris im Jahre 1870/71

Von größter Bedeutung wurde jedoch die Beförderung der Post mit Ballonen im deutsch-französischen Krieg von 1870/71. Die Bevölkerung in Paris wurde am 18. September 1870 von den Deutschen eingeschlossen und 132 Tage lang belagert. Während dieser Zeit wurde die Verbindung von Paris zur Außenwelt mit dem einzig verbliebenen Beförderungsmittel, den Ballonen, aufrecht erhalten. Dies war möglich, da seit 1863 auf dem Montmartre eine von Nadar, dem bekannten Vorkämpfer der Freiballonfahrt, gegründete Luftschifferkompanie zahlreiche Freiballonführer ausgebildet hatte. So wurde aus den bisherigen Spaß-, Sport- und Schauaktivitäten der Luftschiffer plötzlich ernste Realität. In dieser Situation begründete z.B. einer der bekanntesten Freiballonführer dieser Zeit, Tissandier, die Pariser Ballonpost. Von ihm stammt der Satz: „Die Ballonpost war eines der wenigen Schlachtfelder, auf denen Frankreich im Kriege 1870/71 nicht besiegt werden konnte."
Im Konversations-Lexikon des Brockhaus von 1898 wird der Begriff „Ballonpost" wie folgt beschrieben:

Bild 10-4:
Fesselballon NEPTUN auf dem Montmartre. Mit NEPTUN als Freiballon verlässt Duruof am 23 September 1870 das belagerte Paris mit 120 kg Post im Gepäck (Quelle: „Allgemeine Familienzeitung", Nr. 5, 1871)

„Während der Einschließung von Paris durch die Deutschen 1870/71 versuchten die von der Außenwelt durch eine militär. Absperrungslinie gänzlich abgeschnittenen Pariser, namentlich der Oberbefehlshaber der Truppen in Paris, General Trochu, Postverbindungen mit den Departements durch abgelassene Luftballons herzustellen, denen, außer den Luftschiffern selber, Reisende, Säcke mit Briefen und Postkarten sowie Tauben aus Paris mitgegeben wurden, welch letztere Botschaften aus der Provinz zurückbringen sollten. Wie gut dieser Versuch gelang, beweist die Thatsache, dass während der viermonatigen Belagerung 64 Ballons mit 155 Insassen (darunter Gambetta), 354 Brieftauben und etwa 2 Mill. Briefe und Postkarten nach auswärts befördert wurden. Die Ballonbriefe und Ballonkarten mussten den Vermerk ‚par ballon monte' tragen, waren auf bläuliches Seidenpapier geschrieben und wogen nur wenige Gramm. Mit Ballons wurde auch eine Zeitung, die in Paris herauskam, versandt:
Le Ballon poste. Journal du siege de Paris (Gewicht 3 g). Viele Ballons wurden weit verschlagen; so landete beispielsweise die Ville d'Orléans in Norwegen; manche gingen gänzlich verloren."

Der letzte Postballon verließ Paris am 28. Januar 1871 mit Nachrichten über den Waffenstillstand. Die Fahrt des im Zitat genannten Ballons Ville d'Orléans fand am 24. November 1870 statt. Der Ballon hatte ein Volumen von 2000 m³ und legte eine Strecke von 1246 km in 14,5 Stunden zurück. Befasst man sich ein wenig mit der Ballongeschichte dieser 132-tägigen Belagerungszeit, so fragt man sich zum Beispiel, woher die Piloten kamen, die in der Lage waren, Ballone in dieser kritischen Zeit wohlbehalten zu fahren, wer die Ballonhüllen für ca. 50 weitere Ballone fertigte, ob es ausschließlich Gasballone waren oder ob auch Heißluftballone zum Einsatz kamen, und wie sich die deutschen Truppen den frei fliegenden Ballonen gegenüber verhielten, die den Belagerungsring um Paris verließen?
Zu Beginn der Belagerung waren ca. 14 erfahrene Luftschiffer in der eingeschlossenen Stadt, die im Belagerungszeitraum alle mit einem

Bild 10-5:
Fabrikation der Gasballone unter Godard im Pariser Gare d'Orléans. Holzstich um 1876.

Bild 10-6:
Abreise Gambettas nach Tours mit dem Gasballon ARMAND BARBES am 7. Oktober 1870.

„Transportballon" die Stadt verließen und somit nicht mehr zur Verfügung standen. Wie bereits erwähnt, verließ Duruof am 23. September 1870 als erster Paris mit seinem Ballon NEPTUN.
In den Pariser Bahnhofshallen „Orléans" (Gare d'Orléans) und „Nord" (Gare du Nord) wurden unter der Leitung von Eugéne und Jules Godard bzw. Yon und Dartois etwa 50 Ballone mit einem Hüllenvolumen von 1130 bzw. 1930 m³ hergestellt. Insgesamt 66 bemannte Ballone verließen Paris, einige auch unbemannt.
Dass die offiziellen Botschaften und die privaten Briefe, die als Ballonpost Paris verließen, für die Deutschen von äußerster Wichtigkeit waren, zeigt, dass ganze Reiterscharen die gesichteten Ballone verfolgten, um deren Inhalt habhaft zu werden.

Bild 10-7: Gambettas Ballon wird von deutschen Truppen verfolgt. Holzstich von J. Schönberg.

Bild 10-8:
Unbemannter Gasballon mit Postsack wird von deutschen Truppen gekapert. Die Ballonhülle ist leck geschossen.

Bild 10-9:
So erhielt das belagerte Paris Neuigkeiten aus der Provinz: Brieftauben brachten Mikrofilme in die belagerte Stadt, die dann auf eine Leinwand projiziert wurden (Quelle: Allgemeine Illustrirte Zeitung, Nr. 29, 1871).

10

Die Paris verlassenden Luftschiffer nahmen Brieftauben mit, die mit Briefen beschwert nach Paris zurückkehren sollten. Gabriel Mangin organisierte den Rückkehrdienst der Brieftauben, er selbst führte den zweiten Ballon aus Paris. Da die Brieftauben keine schweren „Brieftaschen" transportieren konnten, fand man mittels der Mikrofotografie einen Ausweg. In Paris lebte ein berühmter Fotograf namens Dragon. Er beherrschte die Kunst, möglichst klein zu fotografieren, so klein, dass eine Buchseite in der Fotografie nur 1 mm^2 groß sein würde, die Fotografie aber dabei so scharf wäre, dass man mit einer Vergrößerung (Mikroskop, Projektor) den Inhalt der Seite ablesen konnte. Dragon verließ nun Paris mit dem Ballon NIEPCE und nachdem er glücklich gelandet war, richtete er in Tours ein Atelier ein, in dem er von Depeschen und Briefen solche winzigen Fotografien anfertigte, die dann den Tauben mitgegeben wurden und in Paris entziffert werden konnten. Am 21. Januar 1871 überbrachte eine einzige Taube 21 Filme mit 38.700 Nachrichten (Filmgröße 3,2 x 5,1 cm^2, 16 Seiten Text pro Film, Filmgewicht 0,05 g) zurück in die belagerte Stadt. Wer sich für die Inhalte der transportierten Briefpost aus dem besetzten Paris interessiert, sei auf die Literaturliste im Anhang dieses Buches verwiesen /39/. In dem Buch „Die älteste Luftpost der Welt", von Wilhelm Hofinger, bilden die Briefe des später bekannten Arztes Dr. Laudouzy (1845-1917) an seine Verwandten in Arcachon den Grundstock. Zur Zeit der Belagerung war er Hilfsarzt in einem Krankenhaus im Quartier Latin. Er schrieb während der 132 Belagerungstage 37 Briefe in regelmäßigen Abständen. Aus einem seiner Briefe (1. Dezember 1870) soll der folgende kurze Auszug wiedergegeben werden, in dem Laudouzy auch direkt auf die Frage nach dem Füllgas der Ballone eingeht:
„...Die Pocken scheinen in dieser Woche etwas abzuflauen. Glaubt kein Wort von dem, was ihr in den preußischen Kriegszeitungen über die Belagerung lest. Die ganzen Schrecken der Belagerung beschränken sich bis jetzt auf die Fleischrationierung und die Ausschaltung der Gasbeleuchtung, da das Gas ausschließlich für die sehr sparsame Straßenbeleuchtung und die Ballone verwendet wird."

Wer den Schaden hat, braucht für den Spott nicht zu sorgen. Um 1875 wird die „Jagd" berittener Soldaten nach am Himmel fahrenden Gasballonen in humoristischer Darstellung wiedergegeben, siehe die Abbildungen 10-10. Mit Sicherheit sind die Motive aus den Begebenheiten der Pariser Belagerung von 1870/71 abzuleiten. Die Bildgeschichte unter dem Motto „Herunter muss er" endet mit der „Wasserung" von Mensch, Pferd und Ballon. Ein Bildtext lautet wie folgt:
„...Darum können wir mit Recht auch fragen: Wo ist der Mann der dieses kann? Es ist allein nur der Ulan."
Es sei angemerkt, dass Graf Zeppelin auch dem Ulanen-Regiment angehörte und dass sein berühmter Patrouillenritt vom Juli 1870 im deutsch-französischen Krieg von 1870/71 für ihn persönlich das dramatischste Ereignis des Krieges war. Zudem war er Teilnehmer an der Belagerung von Paris, wo er fast täglich die Ballone der Franzosen aus der eingeschlossenen Stadt aufsteigen sah. Der Autor des Buches „Ferdinand Graf von Zeppelin", Hans Rosenkranz, interpretiert diese Erlebnisse dahin gehend, dass er „wahrscheinlich damals erkannt (hat), dass es von unabsehbarer Bedeutung gewesen wäre, wenn es den Franzosen gelungen sein würde, Ballone zu lenken und mit ihnen aus der Provinz in die belagerte Stadt hinein zu gelangen".

10.2 Luftschiffpost

Die Franzosen haben während der Belagerung von Paris die Bedeutung des Balloneinsatzes unter anderem zur Postbeförderung gezeigt. In Ermangelung anderer Transportmittel und ohne jegliche Vorplanung musste aus der Not heraus spontan gehandelt werden.
Der preußische Oberpostrat Heinrich von Stephan hatte bereits 1865 und 1870 auf Konferenzen die Bedeutung einer organisierten Luftpostbeförderung hervorgehoben. Am 24. Januar 1874 hielt er in Berlin einen Vortrag über „Weltpost und Luftschiffahrt". Dr. Stephan, der spätere Generalpostmeister und Begründer

Bild 10-10:
„Herunter muß er" – Reitertruppen (Ulanen) verfolgen einen Gasballon. Spottbild um 1875.

Humoristisches.

Herunter muß er.

Den müssen wir haben!

Herunter mußt du, und wärst du mit Ketten an den Himmel geklammert.

Hans! Halt' ihn fest um jeden Preis! Ich lass' dich nicht mehr aus.

Lass' ihn auch wieder steigen, was kümmert's uns, ein Jahr wird er nicht oben bleiben.

Ihr Kerls seid zu leicht; da muß schon der Wachtmeister sein Gewicht in die Waagschale werfen.

Hat ihn schon. Kameraden! Zu Wasser und zu Land zu fechten haben wir geschworen, nun haben wir auch in der Luft gefochten! Darum können wir mit Recht auch fragen: Wo ist der Mann, der dieses kann? Es ist allein nur der Ulan.

Bild 10-11:
Eine Ansichtskarte (Postkarte) als „Postkuriosum-Gedenkkarte“ vom 12.12.1912 um 12 Uhr, vom Postamt 12 in Berlin abgestempelt.

des Weltpostvereins, leitete mit diesem Vortrag eine rege Diskussion über die notwendige Lenkbarkeit von Luftschiffen bzw. den Kraftballonen ein (vergl. hierzu Kap. 4.2). In einem Vergleich zwischen einem Luftschiff auf der einen Seite und einer Lokomotive bzw. einem Dampfschiff auf der anderen Seite, führte er folgendes aus: „...Aber wir haben nicht überall schiffbares Wasser, hingegen hat die Vorsehung den ganzen Erdball mit schiffbarer Luft umgeben...“ Weiter sagte er: „Die Gesamtsumme der in Europa und Amerika bis jetzt (1874) ausgeführten Luftfahrten beläuft sich auf 3700. Auf diese Zahl kommen 16 Tote, gewiß kein ungünstiges Resultat. Die Schnelligkeit und Richtung hängen derzeit noch freilich ganz vom Winde ab, und hier tritt der Kern der Frage hervor“./9/

H. von Stephan, der 1897 starb, wird auch als Vater der Postkarte bezeichnet. Die allgemeine Schulbildung hatte inzwischen weite Bevölkerungskreise dem Schreiben und dem Lesen zugeführt, so dass ein Bedürfnis bestand, sich seinen Verwandten und Bekannten im In- und Ausland durch kurze Botschaften mitzuteilen. In den 90-er-Jahren des 19. Jahrhunderts konnte man Ballone, Luftschiffe und Flugzeuge nicht nur allein als Beförderungsmittel in der Luft betrachten, sondern verwendete sie - vor allem die Ballone - vermehrt als Postkartenmotive.

Das Ansichtskartenbild des ersten Zeppelin-Aufstiegs am 2. Juli 1900 leitete eine nicht vorhersehbare Werbung für die Luftschiffe ein. In der Zeit vor dem ersten Weltkrieg wurden von einer Anzahl von Kunstdruck-Verlagen, u.a. Franz Schreiner in Würzburg und Stengel & Co. in Dresden, mit Genehmigung der am 16. November 1909 gegründeten Deutsche Luftschiffahrts-Aktien-Gesellschaft (DELAG)[6], die Ansichtskarten hergestellt.

Ansichtskarten, Postkarten, Briefe etc. wurden aber seit eh und je, ob mit Kutsche, Bahn, Schiff, Luftschiff, Flugzeug oder sonstigen Verkehrsmitteln, nur befördert, wenn eine Gebührenmarke (Briefmarke) auf das zu transportierende Gut aufgebracht war. 1912 reichte für eine Postkarte eine 5-Pfennig-Marke.

Zeppelinpost

Die Zeppelin-Luftschiffe LZ 1 und LZ 2 beförderten noch keine Post, erst vom Luftschiff LZ 3 an gab es Abwurfbelege, die als Vorläufer der späteren Zeppelinpost anzusehen sind. Das Zeppelin-Luftschiff LZ 8, „Deutschland“, führte als erstes einen Bordstempel für die Kennzeichnung der Belege, die nach erfolgter Landung dem Postamt der Deutschen Reichspost übergeben wurden.

Erstmals Ende Juni 1912 befand sich an Bord eines Zeppelin-Luftschiffes ein Bordpostamt, das einen amtlichen Bordpoststempel benutzte. Das Luftschiff durfte deswegen auch die „Reichspostflagge“ führen. Ab diesem Zeitpunkt gab es amtliche Post der Zeppelin-Luftschiffe – eines der beliebtesten Sammelgebiete überhaupt, speziell für die Aerophilatelisten./41/

Die Zeppelinpost-Marken des Deutschen Reiches wurden zum Teil für eine bestimmte Fahrt verausgabt. Es war dann Vorschrift, dass die Belege, die mit jener Fahrt befördert werden sollten, auch mit den betreffenden Marken, verausgabt für eben diese Fahrt, frankiert werden mussten. Auch ausländische Postverwaltungen wie z.B. Liechtenstein, Finnland, Island, Paraguay, Brasilien, USA usw. verausgabten Zeppelinpost-Marken. Nachfolgend sind die Zeppelinpost-Marken (ZM) aufgeführt, die von der Deutschen Reichspost herausgegeben wurden. Diese ZM sind im Zeppelin-Flugpost-Spezial-Katalog der Fa. Michel registriert und wurden freundlicherweise von der Fa. Sieger als Vorlagen zur Verfügung gestellt.

ZM in 2; 4 RM, herausgegeben am 20.9.1928, gültig bis zum 31.12.1937

ZM in 2; 4 RM, herausgegeben am 26.4.1930 zur 1. Südamerikafahrt des Luftschiffes LZ 127, „Graf Zeppelin“(„GZ“), gültig bis 30.6.1931.

ZM in 1 RM, herausgegeben im Mai 1931, gültig bis 31.12.1937.

ZM in 1; 2; 4 RM, herausgegeben am 10.7.1931 zur Polarfahrt des Luftschiffes LZ 127 „Graf Zeppelin.“

6: Anlässlich der ILA 1909 in Frankfurt am Main gegründet. Die DELAG führte einen regelmäßigen Passagierdienst zwischen mehreren deutschen Städten mit Zeppelin-Luftschiffen durch. Am 26. Mai 1909 erfolgte der erste Flug mit dem LZ 5. Im Juni 1910 nimmt die DELAG ihr erstes Luftschiff in Betrieb. Es ist das LZ 7 mit dem Namen DEUTSCHLAND (vergl. Kap. 7.2).

ZM in 1; 2; 4 RM, herausgegeben am 25.9.1933 zur 50. Ozeanüberquerung des LZ 127 „Graf Zeppelin" und zum Besuch der Weltausstellung in Chicago, gültig bis 31.12.1937.

ZM zu 50 und 75 Pfg., herausgegeben am 16.3.1936 anlässlich der ersten Fahrt des Luftschiffes LZ 129 „Hindenburg".

ZM zu 25 und 50 Pfg., herausgegeben am 5.7.1938 zum 100. Geburtstag des Grafen Ferdinand von Zeppelin, gültig bis 31.11.1939.

ZM aus Liechtenstein zu 1; 2 Fr. herausgegeben am 1.6.1939 zur Liechtensteinfahrt des LZ 127 „Graf Zeppelin", eine weitere Ausgabe erschien am 1.5.1936.

ZM aus Finnland zu 10 M, herausgegeben am 25.9.1930 für die in Helsinki zur Beförderung mit dem LZ 127 „Graf Zeppelin" ausgelieferten Postsendungen.

ZM aus Island zu 30 A; 1; 2 Kr., herausgegeben am 25.5.1931 zur Islandfahrt des LZ 127 „Graf Zeppelin".

ZM aus Paraguay zu 3 P. auf 4 P. und 4 Pesos, herausgegeben am 22.8.1931 zu den Südamerikafahrten des LZ 127 „Graf Zeppelin", es erschienen später noch weitere Zeppelin-Marken.

ZM aus Brasilien zu 5000; 10.000; 20.000 Reis, herausgegeben am 16.5.1930 zur Frankatur der Post befördert mit LZ 127 „Graf Zeppelin" von Brasilien nach Europa. Es erschienen später noch weitere Zeppelin-Marken.

ZM aus USA zu 65 c; 1,3 und 2,6 Dollar, herausgegeben am 19.4.1930 anlässlich der Südamerikafahrt des LZ 127 „Graf Zeppelin" zum Frankieren der Post ab den USA.

ZM aus USA zu 5oc, herausgegeben am 2.10.1933 zur Fahrt des LZ 127 „Graf Zeppelin" zur Weltausstellung in Chicago und zur 50. Ozeanüberquerung zum Frankieren der Post ab USA.

Neben den aufgeführten gab es noch in vielen anderen Ländern Zeppelin-Marken, z.B. in Ägypten, Argentinien, Bolivien, Griechenland, Italien, Lettland, Russland, San Marino, Ungarn usw.

Wesentlich zur Finanzierung der Polarfahrt-Expedition im Jahre 1931 mit dem LZ 127 trugen mehr als 50.000 Briefe und Karten bei, die von Philatelisten aus aller Welt für diese Fahrt bereit gestellt wurden (vergl. hierzu Kap. 7.3.3). Heute hat speziell die Zeppelinpost (Briefmarken und Briefe/Postkarten) einen hohen Sammlerwert. Die Preise bewegen sich schwerpunktmäßig zwischen € 25,- und € 3.000,- und liegen in Einzelfällen noch beträchtlich höher.

Bild 10-12: Auswahl einiger Zeppelinpost-Marken (ZM)

Zeppelinpost-Sondermarke des Deutschen Reiches, herausgegeben am 5. Juli 1938 zum 100. Geburtstag von Graf von Zeppelin.

Zeppelinpost-Sondermarken vom 10. Juli 1931 zur Polarfahrt mit LZ 127.

11

Ballone und Luftschiffe zur Personenbeförderung

Bild 11-1: Giffards Fesselballon zur Weltausstellung 1867 in Paris. Der Dampfantrieb der Seilwinde und die Umlenkrolle für das Ballonhalteseil werden durch eine hohe Arenawand gegen nicht zahlende Zuschauer geschützt.

Bis Ende des 19. Jahrhunderts konnte man noch nicht von Reisen durch die Luft sprechen, da das Reiseziel für Menschen, die das Vergnügen hatten, mit Ballonen zu fahren, primär von der Windrichtung bestimmt wurde. Wenn es auch dem berühmten Luftfahrtpionier Henri Giffard 1852 gelang, das erste Luftfahrzeug zu bauen, das sich durch eigene Kraft, nämlich einen Dampfmaschinengetriebenen Schraubenpropeller fortbewegte, so dauerte es doch noch 50 Jahre, bis der Durchbruch für die lenkbaren Luftschiffe erfolgte. Vielleicht erkannte, erahnte Giffard am 24. September 1852, beim Start seines kleinen Luftschiffes vom Hippodrom in Paris aus, dass die große Menschenmenge, die sich zu diesem denkwürdigen Ereignis eingefunden hatte, die Sehnsucht und den Wunsch hatte, doch auch einmal „in die Luft gehen zu können". Nach 1850 begann in Paris und London die Zeit der großen Weltausstellungen und damit die Zeit der Riesenballone.

Bild 11-2: Giffards „Ballon captif" zur Weltausstellung 1878 in Paris. Ballonvolumen 25.000 m³, Aufstiegshöhe 400-600 m, Korb für 55 Personen. Holzstich von E. Elliot (Quelle: Illustrirte Zeitung, 17. August 1878).

11

Personenbeförderung mit Fesselballonen

Im Jahre 1867, zur Weltausstellung in Paris, verwirklichte Giffard diesen Wunsch. Er konstruierte und baute seinen ersten „großen" Fesselballon mit einem Volumen von 5000 m³.
Der Ballon war mit einem Seil verbunden, das mit Hilfe einer Dampfwinde auf- und abgespult werden konnte. Im Ballonkorb befanden sich zahlende Passagiere. 1868 baute er anlässlich der Londoner Weltausstellung einen weiteren Ballon mit einem Volumen von 12.000 m³. Die Hauptattraktion der Pariser Weltausstellung von 1878 war Giffards Fesselballon mit 25.000 m³ Wasserstofffüllung. Etwa 35.000 Passagiere konnten das Luftpanorama der französischen Hauptstadt von den Tuilleriengärten aus in einer Höhe von 480 bis 600 m genießen. Der Ballon hatte einen Durchmesser von 36 m und eine Höhe von 55 m. Der Korb fasste 55 Personen, die Hülle bestand aus einem siebenlagigen Stoff und Gummi, das Hüllengewicht betrug 11,2 t, was einem Flächengewicht von 2,8 kg/m² entspricht. Nachweislich gehörte A. Gustave Eiffel (1832-1923) zu den Passagieren, er fühlte sich durch die Ballonfahrt inspiriert, einen ca. 300 m hohen Turm zu bauen. Die Fertigstellung des Eiffelturms erfolgte zur Weltausstellung 1889. Das heutige Wahrzeichen von Paris wurde auf dem Marsfeld gebaut, wo am 27. August 1783 der erste mit Wasserstoff gefüllte Ballon, GLOBE, aufstieg.
Ein Neubeginn mit gefesselten Ballonen wurde erst im Jahre 1994 gestartet. In Chantilly, 35 km nördlich von Paris, wurde in einem wunderschönen Schlossgarten die „Einrichtung" zum Aufstieg für einen mit Helium gefüllten Gasballon von 5500 m³ Volumen in eine Höhe von 150 m geschaffen. Die Ballonbau Wörner GmbH, Augsburg, stellte den Ballon mit dem Namen AEROPHIL für die französischen Betreiber her. 30 Passagiere finden auf der achteckigen Galerie Platz. Die Erwartungen lagen bei 70.000 Passagieren im Jahr, die einen Fahrpreis von 60 Franc zu entrichten hatten. Mehrere Länder, darunter Japan, China, Deutschland, Australien und die USA, haben sich für die Technik interessiert. Man musste jedoch feststellen,

Bild 11-3:
Fast 40 Jahre lang waren die Fesselballone die klassischen Attraktionen bei Ausstellungen. Sie ermöglichten es Zehntausenden von Menschen, die „Höhentaufe" entgegen zu nehmen, eine damals recht beliebte Weihe./43/

dass der Standort nicht nur wirtschaftlichen Interessen genügen muss, sondern dass man vor allem den dort vorherrschenden Umgebungsbedingungen gerecht werden muss. Im Jahre 2000 wurde an den publikumswirksamen Standorten Berlin, Potsdamer Platz, und auf dem Gelände von CargoLifter in Brand je ein Fesselballon aufgestellt, die über die Größe und die Technik des AEROPHIL verfügen.

Bild 11-4: Fesselballon AEROPHIL in Chantilly bei Paris. Volumen 5500 m³, maximale Aufstiegshöhe 150 m, Galerie für maximal 30 Personen ausgelegt. Foto: W. Hallmann, 1994.

Personentransporte mit Heißluft- und Gasballonen – die heutige Situation

Wie man Luftschiffer wird

„Und Samstag abend wird gefahren, und wenn Sie Lust, Kourage und einen blauen Lappen übrig haben, können Sie mit."

„Stimmt an das Lied vom Luftballon und singt aus vollen Kehlen!
Uns kann fürwahr kein Erdenstaub und keine Sorge quälen.
Wenn Nebelschleier den Planet, und Last das Herz bedrücken,
dann soll uns unser Luftballon in Sonnenschein entrücken. Valleri, Vallera!"

„Wem vom Beruf die Seele matt, wem sonst der Mut verdrossen,
der steige flugs zum Himmel an auf luft'gen Leitersprossen;
Wem durch die Adern matt das Blut im Schneckentempo schleichet,
dem jauchzet froh das Herz, wenn er durch blauen Aether streichet. Valleri, Vallera!"

„So ist's! - Körperliche, geistige und seeliche Frische bringt man heim von jeder Fahrt und kann diese kostbare Münze im Alltagsleben umwechseln und ausgeben."

Dieser Auszug aus „Wir sind Luftschiffer" von Ernst Milarch vom niederrheinischen Verein für Luftschifffahrt - erschienen 1936 -, spiegelt auch heute noch die Gefühle und Stimmungen der Fahrgäste und Piloten von Ballonfahrten wider.

Bild 11-5: Fesselballon von SAT.1 am Potsdamer Platz in Berlin. Foto. W. Hallmann, Mai 2000.

Zum Begriff „harte" und „weiche" Landung

Im Sprachgebrauch unterschied man vor 100 Jahren vier Arten von Landungen, /4/, Bd. 1:

„Sehr glatte", wenn der Korb, ohne an ein Hindernis zu stoßen, aufrecht stehen blieb.
„Glatte", wenn er sich sichtlich gefahrlos auf die Seite legte, wobei er wohl ein Stück mitgeschleift werden konnte, oder wenn er durch Anprallen an ein Hindernis aufgehalten wurde.
„Glückliche", wenn die Gefahr ohne Unfall überstanden wurde.
„Unglückliche", wenn Personen getötet wurden.

Noch heute geben die Ballonfahrer diese Landemeldungen so verschlüsselt an, damit „Außenstehende" keine falschen oder übereilten Schlüsse daraus ziehen können.

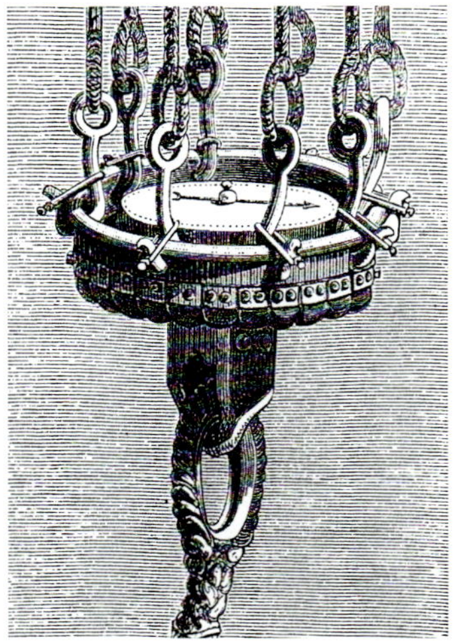

Von den ca. 1330 in Deutschland zugelassenen Heißluftballonen wurden im Jahr 1998 452 gewerblich für Personentransporte eingesetzt, 1991 waren es zum Vergleich nur 18 von 601 registrierten Heißluftballonen (vergl. Kap.5). Die Anzahl der zugelassenen Gasballone hat sich von 1972, ca. 45 Stück, bis heute nur unwesentlich verändert. Ein weiterer Rückgang wurde durch die wiederentdeckte Technik der netzlosen Ballone, die von der Ballonbau Wörner GmbH, Augsburg, seit 1992 entwickelt und hergestellt werden, vermieden.

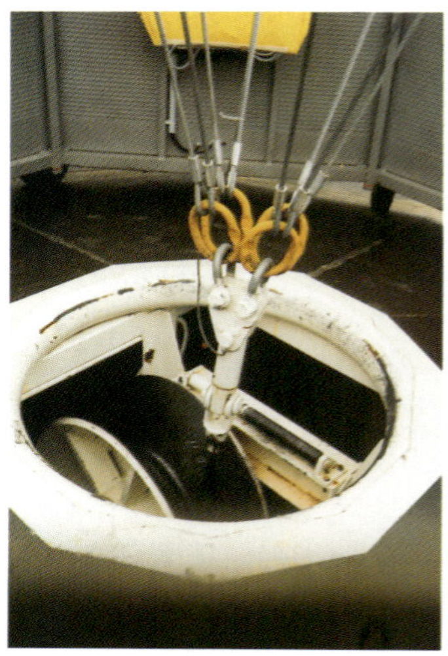

Bild 11-6: Technische Details von damals und heute

Bild 11-7:
Netzloser Gasballon der Firma Ballonbau Wörner GmbH mit 1000 m³ Volumen. Der Zustand der Hülle ist während dreier Phasen zu sehen: Links die Aufrüstung, in der Mitte die Fahrt und rechts die Landung. Mit diesem Ballon wurden im April 1994 für das Luftfahrtbundesamt wissenschaftliche Messfahrten unternommen. Sie dienten der Untersuchung des Höhenverhaltens eines Prallballons durch Ballastabwurf zur Ermittlung der Prallhöhe beim Start eines unprallen Ballons.

Auftraggeber für die Idee zum Bau eines netzlosen Ballons mit Parachute (1,5 m Durchmesser), d.h. ohne Ventil und Reißbahn, war der erfahrene Pilot Hubert Horstmann.
Zu den Personentransporten im weiteren Sinn gehören sicherlich auch die zahlreichen Wettfahrten mit Gas- und Heißluftballonen. Neben Welt-, Europa- und nationalen Meisterschaften gehört die Gordon-Bennett-Wettfahrt wohl zu den härtesten Gasballonrennen der Welt (siehe auch Kap. 14.4). Für an der Freiballongeschichte Interessierte sei auf die Kulturgesellschaft Freiballon e.V. (KGF) hingewiesen. Die KGF wurde im Jahre 1979 auf Initiative des Ballonpiloten Dr. Edgar Mayer gegründet und hat ihren Sitz in Köln-Ossendorf. Ihr Ziel ist, national und international gleichgesinnte Aktivitäten zu koordinieren. Im Jahre 2002 wird im Deutschen Technikmuseum Berlin ein Luftfahrtmuseum mit einer Ballonabteilung eröffnet. Die KGF hat es sich zur Aufgabe gemacht, diese Abteilung zu einem Kristallisationspunkt der Ideen und Treffpunkt für Menschen gleicher Interessen zu machen.

Personenbeförderung mit Luftschiffen

In Deutschland wurden die Luftschiffe nach folgenden Kategorien eingeteilt:

- **Versuchsluftschiffe** (LZ 1 bis LZ 6)
- **Verkehrsluftschiffe** der DELAG (LZ 7 bis LZ 17, LZ 120, 121)
- **Heeresluftschiffe** (Z II bis Z XII)
- **Marineluftschiffe** (L 1 bis L 75)
- **Verkehrsluftschiffe** der Deutschen Zeppelin-Reederei DZR (LZ 127 bis LZ 131)
- **Schütte-Lanz-Luftschiffe.**

Die Evolution der wichtigsten Zeppelin-Luftschiffe

Bis 1905 steckte die Luftschiffentwicklung in einer Experimentierphase mit oft abenteuerlichen Ideen und bescheidenen Ergebnissen. Die Luftschiffe selbst hatten nur ein geringes Volumen.

LZ 1 Gesteuert wurde das Luftschiff durch je ein bewegliches Ruder am Bug und Heck. Höhenruder gab es noch nicht. Ein schweres Bleigewicht, an einer Gleitschiene zwischen den Gondeln angebracht, sollte die horizontale Lage des Luftschiffes bestimmen. Beim ersten Aufstieg musste das Luftschiff nach einigen Wendungen über dem Bodensee notwassern, da der Hebel des Laufgewichtes gebrochen war. Der ganze Flug dauerte 18 Minuten.

Am 17. Oktober 1900 startete die LZ 1 zum zweiten Mal. Zunächst ging alles gut. Nach 18 Minuten versagten jedoch die Motoren. Es stellte sich heraus, dass der Mann, der die Benzintanks zu füllen hatte, versehentlich ein Fass mit destilliertem Kühlwasser in den Tank hatte laufen lassen.

LZ 4 Auf Grund der gemachten Erfahrungen wurde für die Montage eine schwimmende Halle auf dem Bodensee installiert, die je nach Windrichtung bei Start und Landung des Luftschiffes gedreht werden konnte. Berühmt wurde LZ 4 durch seine große Schweizer Fahrt am 1. Juli 1908. Ursprünglich war dieses Schiff zur Übergabe an das Heer vorgesehen, das die Abnahme von einem 24-Stunden-Flug abhängig machte.

Die fatale Zerstörung des LZ 4 durch den Brand am 5. August 1908 bei Echterdingen schien das Lebenswerk des Grafen Zeppelin vernichtet zu haben, wäre da nicht der Mut, die Kraft, der Wille des Grafen zum Weitermachen gewesen. Dank einer großherzigen Spende der deutschen Bevölkerung wurden über 6 Millionen Mark eingebracht, vergl. auch

Daten wichtiger Zeppelin-Luftschiffe	Baujahr	Länge (m)	Max. Durchmesser (m)	Volumen (m^3)	Motorzahl	Gesamtleistung (PS)	Propellerzahl	Eigengewicht (t)	Nutzlast (t)	„Zahlende Last“	Max. Geschwindigkeit (km/h)	Reichweite (km)	Zahl der ausgeführten Fahrten	Fahrstunden
LZ 1	1900	128	11	11500	2	32	4	10	1,4		28		3	2
LZ 4	1908	136	13	15100	2	220	4	13	4,6		50		12	46
LZ 10 SCHWABEN	1911	140	14	17800	3	435	4	14	6,5	5,3	70	1600	234	499
LZ 11 VIKTORIA LUISE	1912	148	14	18700	3	510	4	15	6,5		80	1100	1200	1292
LZ 26 (Z XII)	1914	161	16	25000	3	630	3	18	12	3	82	3300	100	
LZ 76 (L 33)	1916	196	24	55200	6	1440	6	35	30		105	7400	8	21
LZ 96 (L 49), ZR 1)	1917	196	24	55800	5	1100	-	-	-	-	95	-	-	-
LZ 104 (L 59, Afrika-Luftsch.)	1917	226	24	68500	4	1200	4	28	52	13	103	16000	14	
LZ 114 (L72) DIXMUDE	1918	226	24	68500	6	1560	6	30	51		118	12000	12	400
LZ 120 BODENSEE	1919	131	19	22500	3	780	3	16	11		132	2500	245	
LZ 126 (ZR III) LOS ANGELES	1924	201	27	70000	5	2000	5	40	40	5	126	8500	338	4300
LZ 127 GRAF ZEPPELIN	1928	237	30	105000	5	2700	5	59	60	15	130	13000	590	17180
LZ 129 HINDENBURG	1936	245	41	200000	4	3600	4	119	100	20	137	16000	63	3088
LZ 130 GRAF ZEPPELIN	1938	245	41	200000	4	3600	4	114	110	19	135	16000	30	409

Die Tabelle gibt die Daten wichtiger Zeppelin-Luftschiffe wieder

Kap. 15.3. Damit wurde es Graf Zeppelin ermöglicht, die Fa. Luftschiffbau Zeppelin GmbH zu gründen, eine Zeppelinstiftung, die der Entwicklung der Luftschifffahrt zugute kommen sollte. Vorsitzender wurde Dr. Hugo Eckener.

Durch diese Ereignisse bedingt, erreichten den Grafen eine Flut von Briefen. Bettelbriefe, Patentvorschläge von Erfindern sowie unverschämte und witzige Anfragen.
Unter anderen schrieb ein reicher Mann: Seine Exzellenz, dem doch alles möglich ist, möge ihm durch seine Beziehungen den Freiherrentitel verschaffen, dafür werde er dem Luftschiffbau ein Paar hunderttausend Mark stiften. Graf Zeppelin lehnte dies selbstverständlich ab.
Der amerikanische Kaffeekönig Sielken suchte eine Geschäftsverbindung auf Gegenseitigkeit. Der Graf schlug ihm vor: „Sie, Herr Sielken, beteiligen sich an meinen Luftschiffen, ich werde recht viel Kaffee trinken!"
Das „Wunder" von Echterdingen hatte Zeppelin mit einem Schlage seiner Geldsorgen enthoben – sorgenfrei wurde er dadurch aber nicht.

LZ 7 Deutschland 1, LZ 10 Schwaben, LZ 11 Viktoria-Luise, LZ 13 Hansa, LZ 120 Bodensee, waren Verkehrsluftschiffe der DELAG, vergl. Kap. 10, ein Tochterunternehmen des Zeppelin-Unternehmens. Die DELAG erreichte durch ihre Rundreisen und Passagierfahrten in den Jahren 1910 bis zum Ausbruch des ersten Weltkrieges, daß das Luftschiff erfolgreich wurde. Die Sicherheit war gut. Mit den Luftschiffen LZ 7, LZ 11, LZ 13 und LZ 17 beförderten sie von 1910 bis 1914 37.250 Passagiere in 1600 unfallfreien Fahrten. Dabei wurden 150.000 km zurückgelegt.

LZ 26 (Z XII) war ein Heeresluftschiff mit der Besonderheit, einer geschlossener Führergondel. Zu dem rüstete man das Schiff mit einem Spähkorb aus, den man herablassen konnte, während sich das Schiff über den Wolken befand. LZ 26 wurde an der West- und Ostfront eingesetzt.

LZ 76 (L 33) war ein Marineluftschiff mit Einsatzgebiet in der Nordsee und England. Am 24. September 1916 musste es infolge Artilleriebeschuss in England notlanden. Die 1919 in England gebaute „R34" gilt als Zeppelinnachbau der LZ 76.

LZ 96 Als Marineluftschiff machte die L 49 (LZ 96) am 13.6.1917 die erste Fahrt. Notlandung in Frankfurt nach Angriffsfahrt am 20.10.1917.
Konstruktionspläne waren Vorbild für den USA-Verlängerten Nachbau mit 20 He-Zellen >> „Shenandoah" ZR 1

LZ 104 (L 59) legte in der Zeit von Oktober 1917 bis April 1918 über 16.000 km zurück und kam über Ostafrika und dem Balkan zum Einsatz.

LZ 114 (L 72) kam als Marineluftschiff nicht mehr zum Einsatz. Es wurde im September 1920 als Reparationsleistung nach Frankreich überführt und auf den Namen „Dixmude" umgetauft.

LZ 120 wurde im Juni 1921 auf Grund alliierter Forderungen an Italien ausgeliefert. Unter Führung des Generals Nobile kam es mit dem Namen „Esperia" beim italienischen Heer zum Einsatz.

LZ 126 (ZR III) wurde 1924 als Reparationsleistung – Folge des verlorenen ersten Weltkriegs – von Deutschland nach Amerika ausgeliefert. Dort wurde sie in ZR III bzw. LOS ANGELES umbenannt. Die Überführung erfolgte mit einer Wasserstoffgas-Füllung, die dann in den USA durch eine Helium-Füllung ersetzt wurde. Dies war zugleich die erste Atlantiküberquerung eines Zeppelin-Luftschiffes. Diese Fahrt gab dann den Anstoß dazu, mit Luftschiffen einen Übersee-Passagierdienst zu planen.

Hierfür wurde das Projekt **LZ 127**, „Graf Zeppelin", verwirklicht. In neun Jahren absolvierte es

590 Fahrten (s. Kap. 7.3.3), mit 695.575 km in 17.177 Stunden. Dabei wurden 34.000 Personen, 30 t Fracht und 39 t Post befördert. Besonders beliebt waren die Zusammenkünfte zwischen Seeschiffen und der „Graf Zeppelin". Man stand mit den Schiffen in ständigem Funkkontakt, die Eintönigkeit der langen Schiffsreise wurde dann vom Erscheinen des riesigen Luftschiffs durchbrochen. Man tauschte Post und Grüße aus.
Die insgesamt guten Erfahrungen des Luftschiffeinsatzes führten dazu, dass 1936 das Luftschiff LZ 129, die „Hindenburg", in Dienst gestellt und auf der Nordamerikaroute eingesetzt wurde. (Volumen 190.000 m³, Wasserstofffüllung, 2750 PS, der Reisepreis von Deutschland nach Amerika betrug 400 $, dies entsprach seinerzeit drei Monatsgehältern). 1937 wurde der Passagierdienst, bedingt durch die Zerstörung der „Hindenburg" in Lakehurst, eingestellt. 13 Passagiere und 22 Besatzungsmitglieder fanden bei der Brandkatastrophe den Tod. Dennoch gilt der Satz: „Es gab eine Zeit, wo, wenn man ein Luftschiff am Himmel sah, es im Herzen behielt!"

Der Bau von **LZ 128** war geplant, wurde aber nicht ausgeführt!

Zwischen Hoffen und Bangen

LZ 130 war in der Zeit vom 14. September 1938 (1. Probefahrt) bis 20. August 1939 mit 30 Fahrten, 409 Stunden in der Luft. Es legte dabei 36.550 km zurück. Das Luftschiff LZ 130 sollte nach dem Willen der nationalsozialistischen Regierung auf den Namen „Adolf Hitler" getauft werden. Dr. Eckener hat sich erfolgreich geweigert, dies zu tun und so wurde LZ 130 auf den Namen „Graf Zeppelin II" getauft. Er begründete seinen Widerstand u.a. damit „daß mit einem Passagierluftschiff, das Adolf Hitler heißt, ich keine Passagierluftfahrt mit devisenstarken Fahrgästen betreiben kann. Und außerdem vergessen Sie nicht die Wirkung, wenn das Luftschiff verunglücken sollte."
Um zukünftige Brandkatastrophen zu vermeiden, setzte man gezielt auf Helium als Traggas. Im August 1937 schien durch die Vermittlung von Dr. Eckener tatsächlich die Heliumlieferung für den LZ 130 durch ein Ausnahmegesetz der amerikanischen Regierung gesichert. In Friedrichshafen wurden die Fahrgasträume des LZ 130 bereits umgebaut und deren Kapazität wegen der um 10 % geringeren Tragfähigkeit der Heliumfüllung von 50 auf 40 Passagiere vermindert. Gegen Ende des Jahres 1937, als Hitler in Österreich einrücken ließ, sperrte der amerikanische Innenminister jeglichen Heliumtransport nach Deutschland. Dr. Eckeners erneute Überzeugungskraft für die Aufhebung des Verbots zu stimmen, war nicht stark genug. Man erklärte ihm: „Für Eckener ja, für Hitler nicht einen einzigen Kubikzentimeter Helium." /55/
Am Tage des Kriegsausbruches des zweiten Weltkrieges (3. September 1939) wurden in der Frankfurter Werfthalle 180.000 m³ Wasserstoffgas aus dem LZ 130 in die Luft abgelassen. Am 20. November 1939 vermutete man bei der Aufsichtsratsitzung der DZR (Deutsche Zeppelin Reederei), dass die noch funktionsfähigen Luftschiffe LZ 127 und LZ 130 abgewrackt und die fertigen Teile des im Bau befindlichen **LZ 131** (223.000 m³, 100 Passagiere) verschrottet und die Frankfurter Luftschiffhallen abgetragen werden müssten.
Am 29. Februar 1940 erteilte der Reichsluftfahrtminister und Oberbefehlshaber der Luftwaffe, Hermann Göring, tatsächlich den schriftlichen Befehl, das Luftschiff LZ 127 und den im Bau befindlichen LZ 131 abzuwracken. Göring hatte ein gestörtes Verhältnis zu den Zeppelin-Luftschiffen. Am 1. März 1940, dem „Tag der Luftwaffe", besuchte er den Flughafen in Frankfurt. Auf die Frage von Herrn Issel, Direktor der DZR, warum er, Göring, noch an keiner Luftschifffahrt teilgenommen habe, antwortete er: „Nee, mich kriegt ihr hier nicht rein, das Ding brennt ja." Dennoch betrat er anlässlich des besagten Besuches nach sieben Jahren Amtszeit als Reichsluftfahrtminister zum ersten Mal ein Luftschiff, das in der Halle hochgehängte LZ 130 mit entleertem Wasserstoffgasinhalt. Ihm waren Jagdflugzeuge vom Typ Me 109 oder gar das seit 1938/39 in Peenemünde entwickelte Raketenflugzeug He 176 mit seiner angestrebten Geschwindigkeit von 1000 km/h lieber für die

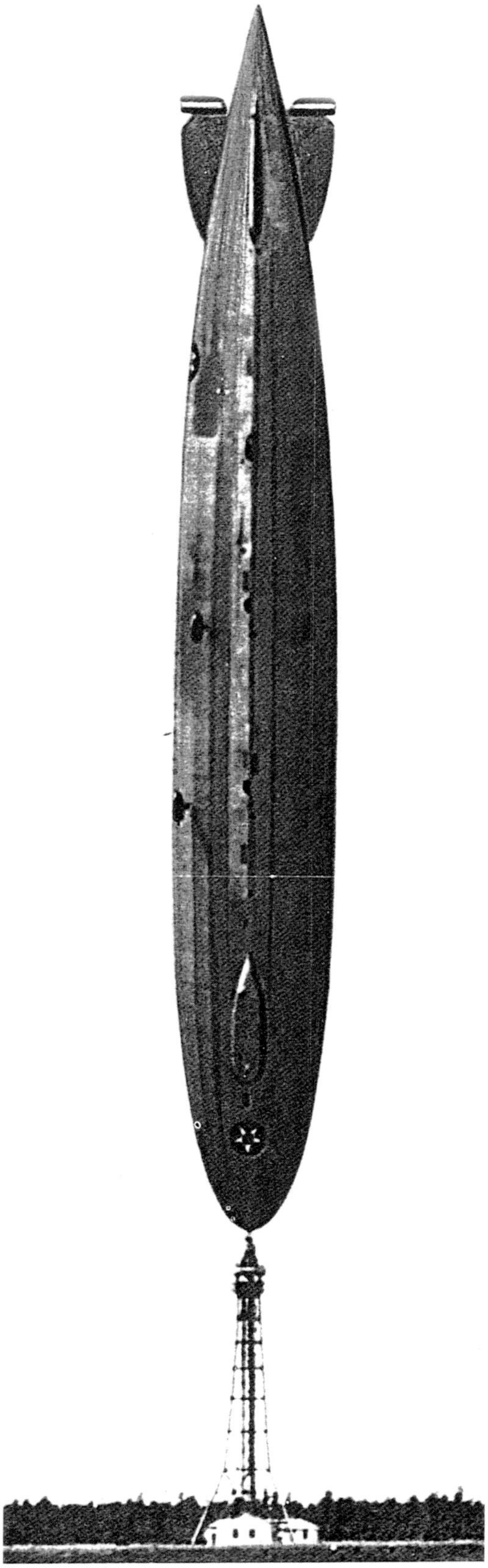

bevorstehende Verwirklichung der Hitlerschen „Visionen". Das Luftschiff als Kriegsinstrument mit seiner großen Verletzlichkeit hatte ausgedient. Und so kam es, wie es kommen musste, am 6. Mai 1940, dem dritten Jahrestag des Unglücks von Lakehurst, wurden die Luftschiffhallen in Frankfurt gesprengt.
61 Jahre später, im Mai 2001, wirbt die DZR wieder mit Luftschiffflügen mit dem neuen Luftschiff LZ 07. (Weitere Einzelheiten hierzu finden sich unter der Internetadresse: www.Zeppelinflug.de)
Das Lebenswerk des Erfinders des Zeppelinluftschiffes, Graf Ferdinand von Zeppelin, kann indes nicht hoch genug gewürdigt werden. Es wurde von seinem Nachfolger Dr. Hugo Eckener in nahezu kongenialer Weise fortgesetzt. Neben diesen Persönlichkeiten verdankt die deutsche Luftschifffahrt ihre Erfolge, neben den technischen Leistungen ihrer Konstrukteure und Erbauer, der fachlichen Begabung ihrer Besatzungen und Luftschiffführer. Die Bekanntesten unter ihnen waren Dr. Eckener und die Kapitäne von Schiller, Lehmann, Flemming, Pruss, Wittemann und Sammt.

1970 entwickelte Theo Wüllenkemper, der Gründer der „WDL"-Luftschiffgesellschaft, in Deutschland die Blimps. „Der fliegende Musketier" und „Nippon", die zu Werbezwecken und Passagierfahrten eingesetzt wurden und werden, haben ein Volumen von ca. 6000 m^3 und sind mit Helium gefüllt. Die Nutzlast liegt bei 1,5 t. Insgesamt wurden bis heute acht Blimps hergestellt und erfolgreich betrieben (vgl. Kap. 13). Auf die technische Erprobung für Einsätze in Entwicklungsländern, z.B. des Luftschiffes „Musketier" in Westafrika im Jahr 1976, wird im nächsten Kapitel eingegangen.

Bild 11-8:
Hier ist das Luftschiff LOS ANGELES in einer ungewöhnlichen Position zu sehen. Am Nachmittag des 25. August 1927 musste es im Hangar in Lakehurst, USA, gefährliche Sekunden durchstehen. Eine starke Windboe stellte das Riesenluftschiff (Länge: 200 Meter) auf seinem 50 m hohen Haltemast plötzlich senkrecht in die Luft. Im Innern entstand großes Chaos, dennoch wurde niemand ernsthaft verletzt. Am nächsten Tag war es wieder fahrbereit. (Quelle: Time Life International R.V., 1982)

11

Die Entwicklung des Zeppelin NT-Projektes

Die technischen Daten des von der Zeppelin Luftschifftechnik GmbH neu entwickelten Projektes NT-07 wurden bereits in Kapitel 4.2.2 vorgestellt. Das Luftschiff wird als Vielzweck-Luftschiff bezeichnet, da neben Aufgaben des Umweltschutzes, die Forschung, die Werbung und vor allem der Tourismus im Vordergrund stehen. Die gestaltete Endausführung des Prototyps ist in wesentlichen Punkten verändert worden, z.B. war eine Traggasvolumenvergrößerung notwendig geworden (Luftschifflänge stieg von 68 m auf 75 m) und statt Gaszellensegmenten gibt es eine große Gashülle, die gleichzeitig auch Wetterhülle ist. Dies zeigt, mit welchen Schwierigkeiten man es trotz modernster Materialien und Computersimulationsprogrammen für viele technische Belange in der Praxis noch zu tun hat. Dennoch handelt es sich um ein weltweit einzigartiges Hightech-Luftschiff.

Seit seinem Jungfernflug im September 1997 hat es bereits über 1000 Flugstunden (Stand Juni 2001) absolviert. Auf seinen Erprobungsfahrten über dem Bodensee hat der NT 07 auch

Bild 11-9: Zeppelinproduktion im Hangar. Foto: Zeppelin Luftschifftechnik

Bild 11-10: Zeppelin NT am Mastfahrzeug. Foto: Zeppelin Luftschifftechnik

schon Post befördert. Der Erlös wurde dem Kinder- und Jugenddorf Pestalozzi in Wahlwies gespendet. Nachdem nachgewiesen wurde, dass der neue Zeppelin sicher starten, fliegen und landen kann und das auch bei ungünstigen Wetterbedingungen, wurde im April 2001 die Musterzulassung durch das Luftfahrt-Bundesamt erteilt. Das erste von fünf bestellten Serienluftschiffen, mit der Bezeichnung S/N 02, hatte Anfang Mai 2001 seinen Erstflug, im August folgte dann die Zulassung. Das zweite soll 2002 in Betrieb gehen. Laut Luftfahrtingenieur Bernd Sträter, Chef der Zeppelin Luftschifftechnik GmbH, investierten die Unternehmen der Zeppelin-Stiftung, Friedrichshafen, über 70 Millionen DM in das Projekt.

Hier noch einige technische Details, die das Zeppelin NT-Projekt als moderne Technik im Dienst des Kunden ausweist:

Schwenkpropeller: => Drei Propeller mit einem Schwenkwinkel bis zu 120 Grad und ein Querfan, der vom Heckantrieb zusätzlich angetrieben wird, sorgen für höchste Manövrierfähigkeit und ermöglichen ein konkurrenzlos ruhiges und ökonomisches Fliegen. Das Luftschiff kann wie ein Helikopter senkrecht starten und punktgenau landen.

Antriebssysteme: => Die Triebwerke werden dank der innen liegenden Tragstruktur dort angebracht, wo sie eine hohe Wirksamkeit entfalten - seitlich am Heck. Der Flugkomfort in der Kabine wird nicht durch Propellerlärm und Vibrationen gestört. Der Antrieb erfolgt durch drei 200 PS starke, bewährte Flugmotoren.

Hülle: => Unbrennbares Helium sorgt innerhalb der Hülle aus hochfestem Mehrschichtlaminat für den notwendigen Auftrieb. Die Hülle steht unter geringem Überdruck von 5 mbar. Luftkammern (Ballonetts) im Innern halten den Innendruck bei jeder Flugsituation konstant und garantieren deshalb optimale Sicherheit.

Struktur: => Die Tragstruktur ist mit ca. 1000 kg ein Leichtgewicht bei größter Stabilität. Sie besteht aus dreiecksförmigen Karbonfaserspanten und drei Aluminium-Längsträgern, die durch Aramidseile verspannt sind. An dieser starren Struktur sind alle Hauptkomponenten wie Kabine, das Leitwerk und die Antriebe befestigt. Damit wird auch bei Druckverlust die optimale Manövrierfähigkeit garantiert.

Starten und Landen: => Das durch die Schwenkpropeller optimierte Start- und Landeverfahren erfordert unter normalen Wetterbedingungen nur drei Mann Bodenpersonal. Zum Start wird der Bug vom Mastfahrzeug abgekoppelt. Zur Landung manövriert sich das Luftschiff mit dem Propellerschub aus eigener Kraft in die gewünschte Position. Zum Anmasten wird lediglich die Bugleine mit der Ankermastleine gekoppelt und der Zeppelin an den Mast heran gezogen.

Bild 11-11: Der erste Holländische Ballon (1804) ist bereit zum Aufstieg./3/

Cockpit und Kabine: => Das Cockpit ist ein übersichtlicher Hightech-Arbeitsplatz mit modernster Avionik. Die „Fly-by-wire"-Flugsteuerung mit Sidestick erlaubt präzise Flugmanöver und entlastet die Piloten. Wetterradar und Missionsbildschirm sind optional erhältlich. In der Kabine finden zwei Piloten und 12 Personen Platz. Für andere Einsätze kann die Kabine schnell umgerüstet werden. (Quelle: „Zeppelin NT: Die Zukunft begann vor 100 Jahren")

Die Anzahl der zur Zeit mit Helium gefüllten Luftschiffe, die weltweit zur Verfügung stehen, liegt bei 30 Stück, inklusive der NT 07.

Wie die Passagiere der großen Zeppeline, vor allem der „Hindenburg" (LZ 129), in vollen Zügen das Ambiente aus Stil und Luxus erfahren konnten, wird uns bei einem Besuch im Zeppelin Museum Friedrichshafen vorgeführt.

Auch in der jetzigen Zeit ist die Faszination komfortabler Reisen in einem Luftschiff immer noch vorhanden. So wurde 1998 auf dem DGLR Workshop II, /51/, unter anderem das Zukunftsprojekt eines sphärischen Kreuzfahrt-Luftschiffes" von Claudia Haubrock und Silvia Tirra vorgestellt.

Bild 11-12: „Das unfolgsame Publikum" - ein Zukunftsbild aus der Zeit des Luftverkehrs, (Quelle: „Illustrirte Aeronautische Mitteilungen", VII. Jg., September 1903, Heft 9)

Schnitt durch die Gondel des amerikanischen Phantasieluftschiffes.

Bild 11-14:
Schnitt durch die Gondel eines amerikanischen Phantasie-Luftschiffes: R. Hansen hat im Jahre 1919 schon recht präzise Vorstellungen, was sich in der Gondel eines Luftschiffes bei einer Flugreise rund um die Welt abspielt.

Bild 11-15:
„Auslegung eines sphärischen Kreuzfahrt-Luftschiffes“ von Claudia Haubrock und Silvia Tirra.

Auslegungsdaten
Durchmesser: 70 m
Gesamtvolumen: 180.000 m^3
Gondelkalotte: 16.000 m^3
Helium-Tragkraft: 140.000 kg
Fahrthöhe: bis 1500 m
Max. Geschwindigkeit: 80 km/h
Kreuzfahrt: 40 km/h
Triebwerke: 4 x 1000 kW
Leistungsbedarf bei 40 km/h: 4 x 125 kW

Bild 11-13:
Ein phanatsievolles Zukunftsbild von Louis Gugenheim aus dem Jahre 1875, wie im 20. Jahrhundert die Luftschiff-aktivitäten aussehen könnten.

12

Ballone und Luftschiffe als Lastenträger

Der Versuch einer Bestandsaufnahme zum obigen Thema ist schwierig, da man in der Literatur in jeder Zeitepoche Diskussionen um ein „Für" und „Wider" findet. Bezieht man die Kriegseinsätze in diese Betrachtung nicht mit ein (sie wurden im Kap. 9 behandelt), so steht bei den Befürwortern eines solchen Konzepts wie eh und je zunächst der gezielte und spezielle Einsatz und Transport von Gütern unter wirtschaftlichen Gesichtspunkten und solchen der Umweltfreundlichkeit im Vordergrund. Ihr Bestreben war es zum Einen, im „Kurzstreckenbetrieb" das Schwerlastenproblem zu lösen, zum Anderen Güter in entfernte und unwegsame Gegenden zu transportieren.

Schon im vorletzten Jahrhundert gab es diesbezüglich skurrile Ideen, so im Jahre 1859 von einem Architekten namens Friedrich Albert. Er plante eine „Luftbahn auf den Rigi". Die Idee war, lediglich mit der Ballonauftriebskraft und ohne eigene Betriebskraft seilgeführte Gondeln die „schiefe Ebene" vom Tal bis zur Spitze des Schweizer Berges hinauf zu befördern. Die anschließende Talfahrt von Gondel und Ballon erfolgte mit eingefülltem Wasserballast.

Eine ähnliche Idee stammt von dem amerikanischen General R. Thayer, der sich um 1884 ein „Dampfluftschiff" patentieren ließ und es in verschiedenen Versionen für Freiflug und Fesselfahrten einsetzen wollte. Er konzipierte einen von einem Dampfmotor (ohne Propeller) angetriebenen Kraftballon im quasi stationären Einsatz über unwegsamem Gelände als seilgeführtes, gefesseltes Transportfahrzeug. Das Luftschiff sollte nicht mit einer Gondel ausgestattet werden, sondern mit einer langgestreckten durchgehenden - von der Traghülle

Bild 12-1:
„Die Luftbahn auf den Rigi". Einsatz von Gasballonen für den Gondel-Bergbahn-Betrieb. (Quelle: Frank Franke, Fahren mit dem Erdwind, 1993)

Bild 12-2:
1884 schlägt General R. Thayer den Einsatz seines Dampfluftschiffes für Seilbahn-Transporte in der Horizontalen vor. (Quelle: Dorothea Haaland u.a., Leichter als Luftballone und Luftschiffe, Bonn 1997)

Bild 12-3:
Der „Vee-Balloon“ von Good Year als Transportgerät von Baumstämmen im Einsatz (1964-1970). (Quelle: Wingfoot Lighter Than Air (LTA) Society, USA, Okt. 1964, Vol. 11. No. 11)

überdachten - Plattform, auf der sich die Ruderbrücke, Lasten und Passagiere befinden sollten. Das Projekt wurde nie verwirklicht. In Bild 4-8, Kap. 4, erkennt man zum Einen sehr schön den Dampfmotorenantrieb (Raketen-Rückstoßprinzip), zum Anderen die Rolle der Tücher und Seile, die über den eigentlichen Auftriebskörper gelegt sind, zur Kraftübertragung auf die „belastbare“ Plattform.

1907 erschien das Buch „Das Zeitalter der Motorschiffahrt“. In dem Kapitel „Schwere Lasten für den Luftverkehr ungeeignet“ geht der Autor auf die Bedeutung zukünftiger Einsätze von Luftschiffen für den Warentransport ein. So stellt er die These auf, dass die schweren Waren, insbesondere Rohstoffe wie Erz, Kohle, Holz und Getreide, auch in Zukunft nur auf der Erdoberfläche befördert werden. Dagegen sei der Transport von kompakten Gegenständen also auch „schwere Gewichtsmassen“ durch die Luft durchaus vorstellbar. „Man kann also auch schwere Maschinen oder Apparate sehr wohl durch die Luft nach Innerafrika oder schwer zugänglichen Stellen etwa im Gebirge befördern. Insbesondere wird man das Motorluftschiff dazu verwenden, die notwendigen Apparate zur Einrichtung von Stationen für drahtlose Telegraphie und Telephonie in unzivilisierte Länder und auf schwer zugängliche Gebirge zu befördern.

Ein Luftschiff der Größe LZ 2 (Anm. d. Autors: 11.000 m^3 war für Nutzlasten von 2 $^1/_4$ Tonnen ausgelegt) könnte für den Handelsverkehr in der Wüste Sahara oder in Persien schon von großer Bedeutung werden.“

Heute, knapp 100 Jahre später, befassen wir uns wieder mit dem Thema, allerdings z.Zt. auf einer konkreteren Basis. Die Rede ist vom CargoLifter-Projekt (vergl. Kap. 12.1). In einem Beitrag von „Spektrum der Wissenschaft“ von Januar 2000 wird die Frage gestellt: „Wer braucht den CargoLifter?“ Die inhaltliche Argumentation unterscheidet sich nur unwesentlich von der gerade zitierten aus dem Jahr 1907.

Zwischenzeitlich wurden und werden noch andere Projekte diskutiert, von denen einige im folgenden vorgestellt werden. Die Argumente für den Bau solcher gigantischer Transportluftschiffe sind gleich geblieben, lediglich die Kapazitäten der Nutzlasten sind von damals 3 t auf 160 t und mehr gestiegen.

Bild 12-4: „Baumsamen-Pflückmaschine“. 1994 wurde ein Ballonsystem zur Beerntung und Befahrung von Baumsamenbeständen entwickelt, Samoair/Samofant genannt. Die hier im Einsatz zu sehende Balloneinheit wurde von der Firma Ballonbau Wörner GmbH in Augsburg hergestellt.

Der Ballon als Lastenträger

Im Folgenden nun einige Beispiele, die die breite Palette entsprechender Anwendungen in der jüngeren Vergangenheit dokumentieren.

In den Jahren 1964-1970 wurden in den USA und Kanada sogenannte Vee-Balloons zum Transport von gefällten Baumstämmen aus unwegsamem Gelände eingesetzt. Der Vee-Balloon besteht aus einem Drei-Kammer-System und wurde für ein Gesamt-Hüllenvolumen von 2025 m^3 bis 5000 m^3 von Good Year Aerospace gebaut. Aufgerüstet wurden die einzelnen Hüllenelemente vor Ort im Einsatzgebiet.

Das Projekt Samoair/Samofant zeugt von Tüftlergeist und Branchenkenntnis. Samoair ist ein Ballonsystem zur Beerntung und Befahrung von Baumsamenbeständen. Ein mit Helium oder Wasserstoff gefüllter Fesselballon (Volumen 360 m^3, Durchmesser 8 m) wird von einer fahrbaren Seilwinde aus, Samofant genannt, mit einem Stahlseil aufgelassen (Seillänge 80 m, Seildurchmesser 8 mm). Samofant arbeitet völlig autark und hat eine Gesamtmasse von 500 kg. Sobald sich der Ballon oberhalb der Baumkronen befindet, wird an dem Stahlseil mittels Seilstopp der Arbeitskorb (Fahrkorb) befestigt. Durch ein weiteres Auflassen des Ballons kann der Pflücker in seinem Arbeitskorb in jeder beliebigen Höhe an den zu beerntenden Baum gefahren werden. Die verfahrbare Seilwinde bildet zum Ballonauftrieb das entsprechende Gegengewicht. Das vorgestellte Erntesystem wurde 1994 vom Bundesluftfahrtamt zugelassen und hat bis 1999 in weit über 1540 Einsatzstunden technisch erfolgreich und wirtschaftlich gearbeitet. Die Tagesleistung des Gerätes liegt bei ca. 300 kg Bucheckern. (Die vorgestellten Informationen wurden dem Verfasser von der Fa. Stötzer & Sohn GmbH, Forst- und Gehölzsorten, aus Herrenberg freundlicherweise zur Verfügung gestellt.)

Zur Zeit ist ein deutsch-französisches Forschungsprojekt – COPAS genannt – in der Montagevorbereitung für den Standort Französisch-Guayana. Hinter dem Namen COPAS verbirgt sich die deutsche Übersetzung eines „Baumkronenzugangssystems“. Es handelt sich dabei um ein stationäres Fesselballonsystem ähnlicher Bauart, wie die Abbildungen 12-4 zeigen. Mit einem 700 m^3 großen Gasballon mit Faltbahn am Ballonäquator (Letztere ersetzt das Ballonett) kann ein Urwaldareal in Form eines Dreiecks – mit 180 m Schenkellänge – überfahren, d.h. abgescannt werden. Der Ballon operiert in einer Höhe von 100 m und ist durch ein Seil von 60 m Länge mit einem Seilwindenmechanismus, dessen Knotenpunkt in 45 m Höhe über dem Erdboden verfahrbar ist, verbunden. Die Ecken des gleichseitigen Dreiecks werden durch 45 m hohe Pylone begrenzt, an deren Enden sich Seilumlenkrollen befinden. In Verlängerung des 60 m langen Ballonseils ist ein weiteres abspulbares Seil mit Gondel für zwei Personen angebracht, um den Urwald von 45 m Höhe bis zum Erdboden zu erforschen.

Wie bereits in Kap. 7.2 angedeutet, wurden in den Jahren 1986-1990 Stratosphären-Ballone als Lastenträger für Experimente eingesetzt. Mit dem Projekt MIKROBA wurden Voruntersuchungen für Raumfahrtexperimente an Materialproben unter Mikrogravitation angestellt. Die MIKROBA-Fallkapsel, in der sich die Proben befanden, wurde mit dem Ballon in Höhen von 40-45 km gebracht. Dort wurde die Kapsel ausgeklinkt und über einen Zeitraum von 60 Sekunden konnten die Experimente im freien Fall bis zu einer Höhe von 20-16 km unter Mikrogravitation (dies entspricht 0,01 m/s^2, d.h. einem Tausendstel der normalen Erdschwere) getestet werden. In der besagten Höhe von 20-16 km öffnete sich ein Fallschirm, der eine weiche Landung der Kapsel garantierte.

Stratosphärenballone wurden auch als Schleppballone für sogenannte Wiedereintritts-Fallkörper verwendet. So wurden im gleichen Zeitraum von 1986-1990 aerodynamische Versuche an Modellen zum Wiedereintritt in die Erdatmosphäre untersucht.
Mit dem Projekt FALKE sollte die Wiedereintrittsbahn des ehemals geplanten europäischen HERMES-Raumgleiters erforscht werden, indem ein Modell aus 40-45 km Höhe im freien Fall bis zur Höhe von 30 km fiel, wo es seine maximale Geschwindigkeit von Mach 17, also die 17-fache Schallgeschwindigkeit, erreichte.
Ab dieser Höhe und mit der erreichten Geschwindigkeit konnten dann die zur Bestimmung und Optimierung der aerodynamischen und flugmechanischen Eigenschaften notwendigen Flugmanöver durchgeführt werden.

Bild 12-5:
Stratosphärenballon als Lastenträger (1986-1990). Das Projekt MIKROBA-Fallkapsel diente der Voruntersuchung von Materialproben unter Bedingungen der Schwerelosigkeit. In der Grafik zu sehen der schematisierte Ablaufprozess.

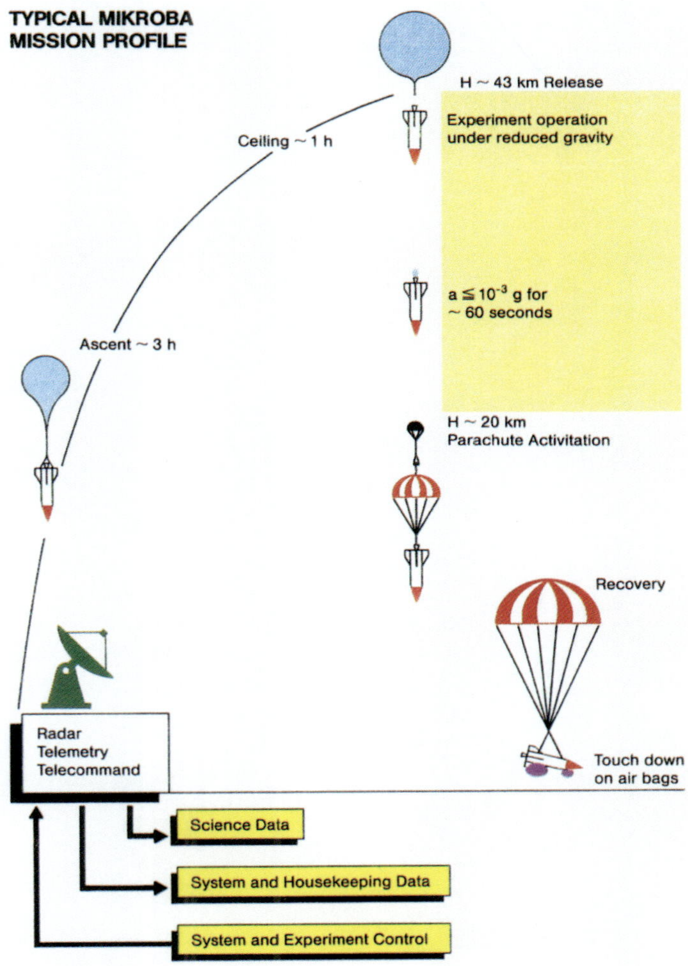

Bild 12-6:
Projekt FALKE: Mit einem Modell des europäischen Raumgleiters HERMES sollte dessen Wiedereintrittsbahn aus Höhen von 55 km erforscht werden.

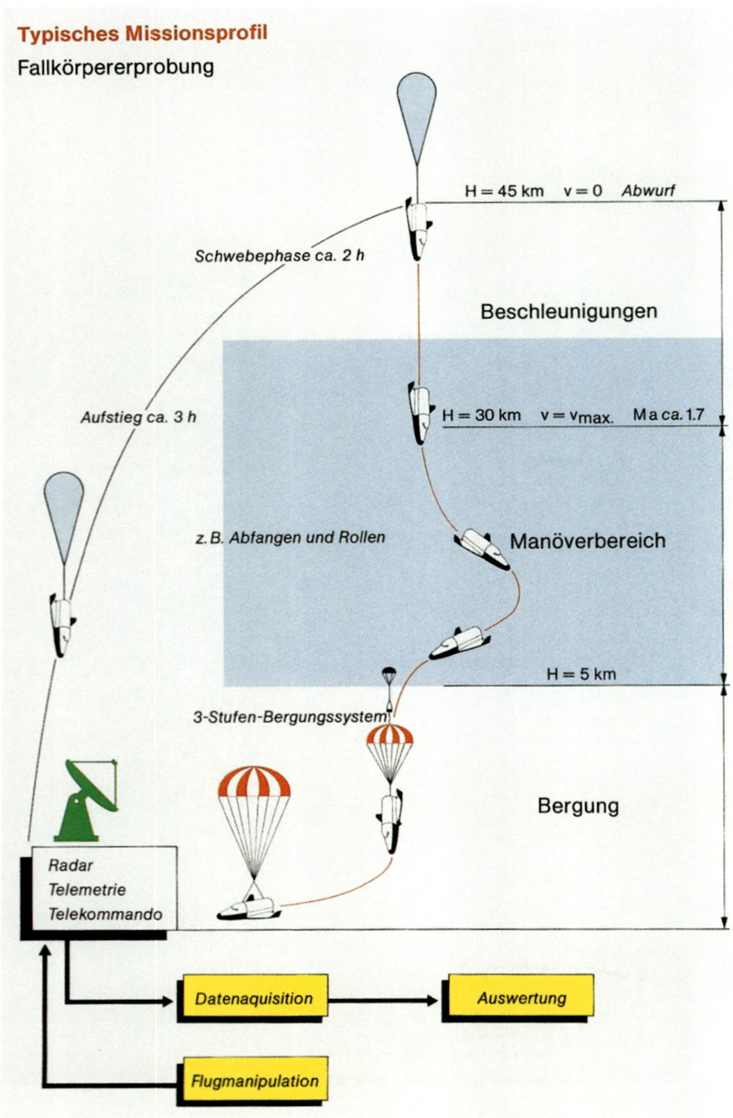

Beide Projekte wurden vom BMFT/DFVLR gefördert und von der Fa. OHB-Systemtechnik, Bremen, vorbereitet. MIKROBA wurde von der ESRANGE in Schweden, FALKE wurde vom CNES-Ballonstartplatz in Aire-sur l'Adour in Frankreich gestartet.

Im Oktober 1994 fand in Toulouse, Frankreich, bei der AERALL (Association d'Etude et de Recherche sur les Aéronefs Allégés) das Internationale LTA Kolloquium 2000 statt. U.a. wurde zum Thema „Ballone als Lastenträger" ein Vortrag von J. Paul Dolmen über Raketenstarts in 35 km Höhe gehalten; es handelt sich um das Projekt „Courte Echelle". Dabei schleppt ein Ballon von 50 m Durchmesser eine dreistufige Feststoffrakete mit kleiner Nutzlast (ein Mikrosatellit mit 5 kg) umweltfreundlich in besagte Höhe. Nach der Trennung vom Ballon vollzieht die Raketeneinheit einen Fallparabelflug bis auf ihre Ausgangshöhe. Dort zündet die zweite Raketenstufe, um die Nutzlast letztendlich in eine zirkulare Bahn von 250 km Höhe zu bringen. Die Vorteile dieser außergewöhnlichen Raketenstarttechnik werden in der Vermeidung von Raketenabgasen in der Ozonschicht größter Konzentration (ca. 27 km Höhe) gesehen und in der durch die Zündhöhe bedingten Ersparnis an Treibstoff.

In einem weiteren Vortrag des LTA Kolloquiums ging es um die Verwirklichung der technischen Möglichkeiten eines Hochleistungsballons als schwebender Kran zum Heben und Bewegen von Schwerkomponenten im Kurzbereich. Interessante Ergebnisse haben R & P Régipa & Partners Development in Lapége und das Centre National á Etudes Spatiale, CNES, mit ihrem ersten Überdruck-Versuchsballon der Welt erzielen können. Der 23 m hohe und im Durchmesser 8 m große Ballon setzt viel versprechende Akzente für ein künftiges Schwerlast-Hebesystem in Form eines Zylinderballons mit Überdrucktechnik für Nutzlasten bis 500 Tonnen und einer Hubhöhe von rund 2500 m. Als schwebender Kran kann der Druckballon von einer festen Bodenstation aus mit Unterstützung von mobilen und festen Winden an drei Punkten bis zu 5000 m weit gesteuert werden. Das System kann nach Ab-

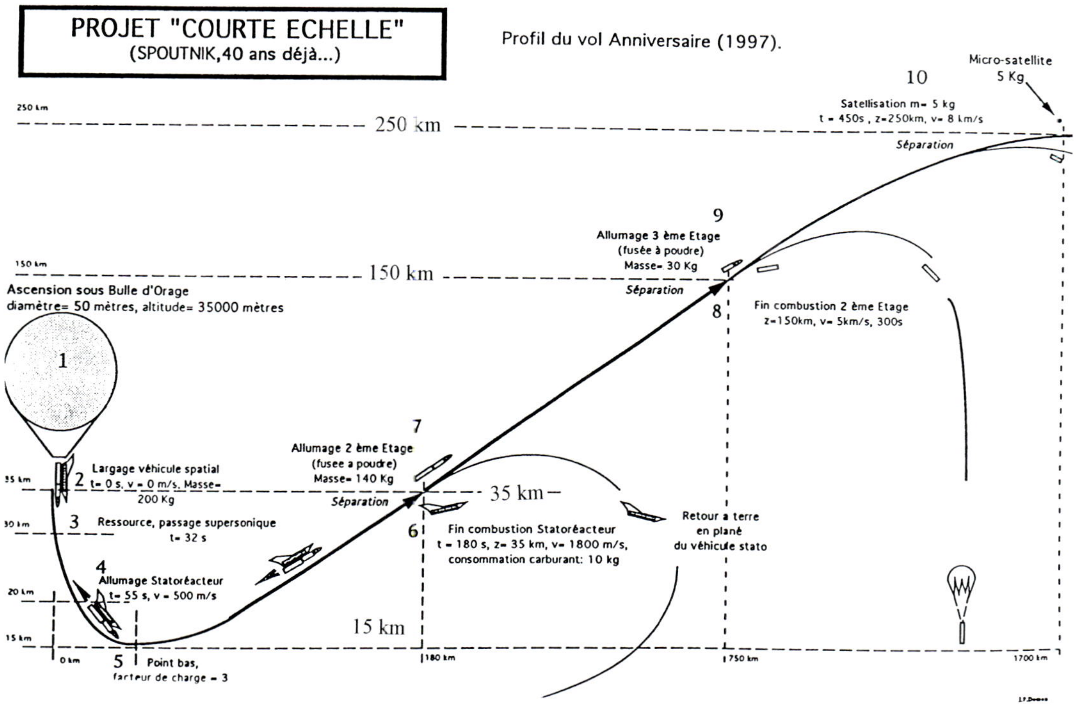

Bild 12-7:
Projekt „Courte Echhelle“ im Schema: Transport einer Nutzlastrakete mittels eines Schleppballons.

schluss einer solchen Umsetzoperation schnell und leicht zu einem neuen Einsatzort verlegt werden.

Hier noch einige Informationen zur Geometrie der Überdruckballone: Die Auswölbungen der zylindrischen Hülle nehmen Kräfte auf, die entlang des Umfangs wirken. Der kleinere Radius der geriffelten Wülste hält sie aber gering, so dass die eigentliche Hülle aus leichteren Folien bestehen kann. Das Hüllenmaterial besteht aus Polyesterfolie, die mit eingebauten DYNEEMA-Garnen tangential und axial zwecks besserer Kraftverteilung und -ableitung verstärkt sind. DYNEEMA ist ein hoch verstrecktes Polyäthylen mit einer Reißlänge von über 300 km, die Widerstandsfähigkeit ist 10 mal größer als Stahl und 50 % höher als bei ARAMID.

Bild 12-8: Zylindrischer Hochleistungsballon als schwebender Kran, entwickelt von R & P Régipa & Partners aus Frankreich. Der „Ballonkran“ im Einsatz, Skizzen zur Funktionsweise und zum Aufbau der Hüllen. (Quelle: Int. Kolloquium der SAERALL, Aerostat LTA 2000, 19.-21.Oktober 1994, Toulouse)

Der Schornsteinbauer der Zukunft.

Bild 12-9:
Wie nicht anders zu erwarten, haben sich auch die Künstler zum Thema „Der Ballon als Arbeitsgerät" Gedanken gemacht. Eine Reihe von Beispielen zum Arbeitseinsatz von Ballonen finden sich hier, z.B. „Der Dieb entkommt mit Hilfe eines Gasballons", „Der Schornsteinbauer der Zukunft" (aus: Luftpost, 13.4. 1919) und „Der Ballon als Leiterersatz" – man muss sich nur zu helfen wissen.

Das Luftschiff als Lastenträger

Es gibt eine ganze Reihe von speziellen Ideen und Projekten, die auf das Luftschiff als Lastenträger zurück greifen. Im Folgenden werden einige von ihnen, die ab 1960 geplant bzw. gebaut wurden, kurz vorgestellt. Luftschiffe kleinerer und größerer Abmessungen, die als Messlabors zur Umweltüberwachung und zur Kartografierung von Gewässerverunreinigungen etc. geplant bzw. im Einsatz sind, sollen hier jedoch nicht behandelt werden.

- Am 14. Oktober 1967 hielt Pastor Monroe Drew, Gründer und Geschäftsführer der Fa. Aereon Corporation[7], in Trenton, New York, einen Vortrag bei der LTA Society, USA, über das AEREON 340-Projekt. Es handelt sich um ein „Lifting Body Airship“ (LBA), wie hier im Bild 12-10 dargestellt. LBA ist technisch die Kombination aus HTA (heavier than air) und LTA (lighter than air), also eine Kombination aus Flugzeug und Luftschiff. Die Zahl 340 bedeutet die Länge in Fuß. Es war konzipiert für eine Fahrgeschwindigkeit von 240 km/h bei einem Gesamtauftrieb von 200 Tonnen. Gebaut wurde ein Windkanalmodell für Testzwecke. Die Aereon Corporation handelte das Projekt an der Börse und der Verkauf von privaten Aktien war recht erfolgreich. M. Drew war selber kein Techniker.
  Er stützte sich auf eine Vielzahl von Einzelinformationen, die er - oft ohne die speziellen Zusammenhänge zu kennen - je nach Bedarf vorbrachte. Die amerikanische Börsenaufsicht untersagte 1967 den Verkauf von weiteren Aktien. Die Projekte AEREON III und IIIB kamen nie zum Einsatz./51/
- Das Projekt mit der Beschreibung „Modifizierte Version eines lenkbaren Systems“ stammt von 1968 und geht auf Ideen des russischen Raumfahrt-Pioniers K.E. Ziolkowsky zurück. Seine Idee wurde von dem russischen Projektingenieur Muricheva weiter verfolgt. Es handelt sich um einen Lasten-Blimp in Modulbauweise zum Transport und Einsatz von Bauelementen, Pipelines sowie zur Bekämpfung von Waldbränden. (Quelle der Informationen: LTA Society, Vol. 16, No. 6, April 1969). Auch dieses Projekt wurde nicht verwirklicht.
- Auf dem zweiten Luftschiff-Kolloquium in Mühlheim (1973) stellten vier Luftschiffbauer ihre Projekte vor: Theo Wüllenkemper, der Pragmatiker aus Mühlheim, der Engländer Dr. Mowforth, der Österreicher E. von Veress und Herrmann Pabst aus St. Georgen. Alle Projekte sind vielfach patentiert, wurden jedoch bis auf Wüllenkempers Blimps nicht verwirklicht. Bei den Projekten der drei Letztgenannten handelte es sich um Luftschiffe mit Nutzlast-

Bild 12-10: Das neue „Aereon 340 Konzept“. Es wurde nicht verwirklicht.

Bild 12-11: „Modifizierte Version eines lenkbaren Systems“ (russisches Projekt von 1968)

7: Der Firmenname Aereon geht zurück auf – und wurde geprägt durch – die Arbeiten und Projekte von Salomon Andrews (1806-1872), der 1866 Passagierflüge mit der AEREON 2, einem Luftschiff ohne Antriebsgerät nur gegen den Wind manövrierend, über New York durchführte.

massen von 400-2000 t. E. von Veress nannte sein Projekt „Atomluftschiff"[8], das seine 45 MW Leistung von einem heliumgekühlten Hochtemperaturreaktor (ohne Wasserkühlung) beziehen sollte...

- 1976 erschien in der Frankfürter Rundschau ein Artikel mit dem Titel: „Ein neues Zeitalter der Fliegenden Zigarren? - Hamburger Firma arbeitet an einem Luftschiff/Optimistische Wirtschaftlichkeitsprognosen". Zitat: „Die ‚Flugschiffbau Hamburg GmbH u. Co.' meldet, dass schon Anfang 1980 ein Riesenluftschiff des Unternehmens mit den Ausmaßen eines Supertankers von 428 m Länge und 89,4 m Durchmesser am bundesrepublikanischen Himmel schweben könnte. Um das Luftschiff bis ins Detail konstruktionsreif zu machen, benötigt man weitere 4,5 Millionen DM. Die bekannten wirtschaftlichen Vorteile gegenüber den klassischen Transportmitteln werden angeführt. Für die Großversion werden Nutzlasten von 500-700 t genannt. Die Baukosten für eine ‚Baby-Version' (Luftschiff mittlerer Größe, 243 m Länge, Nutzlast 125 t) wurden auf ca. 90 Millionen DM veranschlagt." Das Luftschiff sollte u.a. im Pipelinebau eingesetzt werden. Man beabsichtigte einen elektronisch gesteuerten Ballastausgleich und eine Trimmanlage einzubauen. Als Ballastmasse sollte Wasser verwendet werden, das an die vollautomatisch gesteuerte Feuerlöschanlage angeschlossen sein sollte. Weitere Auftriebskräfte sollten durch aerodynamische Steuerflächen über drehbar aufgehängten Triebwerken erzielt werden. Auch ein Projekt, das nicht verwirklicht wurde.
- Vom 15. Juni bis 1. September 1976 fand die technische Erprobung des Luftschiffes D-LDFM in Westafrika (Ghana/Obervolta) statt. Dies war die offizielle Bezeichnung, unter der das Projekt im Bundesverkehrsministerium in Bonn geführt wurde. Bei diesem Projekt wurde das Für und Wider auf politischer Ebene in einer bis dahin nicht gekannten Art öffentlich diskutiert. Worum ging es dabei?

Dazu die Frankfurter Allgemeine Zeitung vom 25. Mai 1976 unter der Überschrift „Entwicklungspolitik mit Zeppelin" - Erprobung eines Luftschiffes in Westafrika/„Gefahrenherd?": „Das Erprobungsprogramm mit Wüllenkempers Prallluftschiff wird vom Bundesministerium für wirtschaftliche Zusammenarbeit in Kooperation mit den Ministerien für Verkehr und für Forschung und Technologie der bundeseigenen deutschen Gesellschaft für technische Zusammenarbeit (GTZ) übertragen. Das Verkehrsministerium und die Deutsche Forschungsanstalt für Luft- und Raumfahrt (DFVLR, heutige DLR) werden an diesen Experimenten mitwirken".

Es handelte sich also um die Erprobung des vorhandenen Prallluftschiffes WDL1 in Entwicklungsländern. Geplante Kosten waren 2,5 Millionen Mark, entstandene Kosten über 5 Millionen. Aus den gewonnenen technischen und allgemeinen Informationen sollte nach Abschluss und Auswertung der Versuchsfahrten entschieden werden, ob ein Prototyp von 120 m Länge und 30 Tonnen Nutzlast bei 140 km/h Fahrgeschwindigkeit, den Wüllenkemper für den Einsatz in Entwicklungszonen empfahl, gebaut werden sollte.

Wieder waren es die bekannten Argumente der Befürworter, die den Bau von Transportluftschiffen rechtfertigten. Die Gegner sahen den Einsatz nur für spezielle Aufgaben gerechtfertigt. Im Übrigen diskutierte die Flugluftschiff Gesellschaft Hamburg ein ähnliches Projekt.

Die Versuchsfahrten mit dem Prallluftschiff WDL1 wurden in Westafrika durchgeführt. Deren Ergebnisse sind in den offiziellen Abschlussberichten nachzulesen. Das Projekt hat parteipolitisch viel Wirbel ausgelöst, seine Resonanz in der Presse war sehr unterschiedlich. Schlagzeilen wie:

CDU/CSU stellt Fragen zum Zeppelin Projekt (29. April 1977, Die Welt);

Bonn stoppt Steuermittel für umstrittenes Luftschiffprojekt (21. Dezember 1977, Die Welt);

Bonns Zeppelin war ein teures „Windei" (3. Juni 1978, Die Welt)

standen andere gegenüber, z.B.:

Der Musketier am Himmel Ghanas, (4. Juli 1976, Rhein-Ruhr-Zeitung)

Bonn und die Luftschiffe im Regenwald (9. September 1978, Bild am Sonntag), Interview mit Theo Wüllenkemper.

8: In einer Arbeit von Walther Bruns (1889 - 1955) mit dem Thema: „Über den wissenschaftlichen und wirtschaftlichen Einsatz des Großluftschiffes im nordamerikanischen, besonders im kanadischen Raum und seine Bedeutung für die Landesverteidigung" wird bereits auf den Einsatz von Atomaggregaten mit Vor- und Nachteilen eingegangen. Die Arbeit entstand kurz nach dem 2. Weltkrieg. Dr. Bruns war selber Teilnehmer der Arktisfahrt (1931) mit der „Graf Zeppelin". In einer Denkschrift vom 14. August 1946 versuchte er die Idee eines völkerverbindenden Projektes, nämlich den Bau eines Großluftschiffes, zu verwirklichen.

Interessant und frei von parteipolitischen Querelen waren Ereignisse, die sich am Rande der Expedition abspielten:

- In der Weltpresse machte das 5,5 Millionen Mark teure Projekt Schlagzeilen. So schrieb das weltbekannte liberale unabhängige afrikanische Morgenblatt „Westafrican Express“ u.a. über den Verlauf der Dreharbeiten: „Kinder liefen dem Luftschiff nach und mussten von der Polizei im Busch gesucht werden, ältere Leute glaubten an eine göttliche Erscheinung und fingen an zu tanzen und zu beten, Autofahrer und Eselskarren verursachten Unfälle, Hirten der Savanne konnten ihre Herden nicht mehr halten. Selbst hellhäutige Zeugen, Diplomaten, FN-Stiftungsangehörige sowie Entwicklungshelfer des DED verzichteten auf den erforderlichen Mittagsschlaf.

(Anmerkung: Ähnliche Reaktionen hatte schon der Journalist Klaus Broichhausen im Vorspann seines eingangs erwähnten FAZ-Beitrags vom 25. Mai 1976 vermutet. „Mit dem ungläubigen Staunen, mit denen in Europa und in Amerika die ersten Zeppeline empfangen worden sind, werden voraussichtlich bald in Ghana und Obervolta Menschen zum Himmel aufschauen“.)

- Die Botschaft der Bundesrepublik Deutschland in Accra, Ghana, berichtete an das Auswärtige Amt in Bonn am 7. September 1976:

„Aus ihren Berichten erfuhr die Botschaft die entwicklungspolitische Bedeutung des Unternehmens, aber auch aufregende Dinge wie z.B., dass der Verkehr in Accra beim Erscheinen des ungewohnten Flugkörpers zusammengebrochen sei, die Unfallrate sich verdreifacht habe, nachgelaufene Kinder nur durch Radio wiedergefunden werden, die Hirten der Savanne ihre Herden nicht halten konnten und viele Menschen am Strande beteten, das Luftschiff möge ihre Probleme lösen.“

Eine große deutsche Zeitung fasste ihr Urteil in der Überschrift zusammen: „Zeppelin wird zum Entwicklungshelfer“. Unbezahlbar sei der Wert für die Bundesrepublik Deutschland gewesen. Nun - unbezahlbar war sie wohl nicht. Das Bundesministerium für wirtschaftliche Zu-

Das Wort »unmöglich« will ich nicht hören!
Ausspruch des Grafen Zeppelin

Zeppelin wieder im Aufwind

Es war wie anno damals, als die Menschen in Berlin und Zürich, New York und Tokio aus den Wohnungen, Betrieben und Schulen auf die Straße rannten, wenn der Zeppelin kam. Nur sp[illegible]te sich's 1976 in Westafrika ab.
D[illegible] wurde der Mülheimer Nachkriegszeppelin WDL 1 unter extremsten Bedingungen in über 200 Flügen getestet; er beförderte Schafe und Bananen, Feinseife, Maschinen und Medikamente und zeigte sich allen anderen Transportmitteln dieser Region weit überlegen. Vermutlich werden deshalb bald die schon fertig geplanten 120 m langen deutschen Luftschiffe über Afrika und Asien fahren.
Die Begeisterung der Eingeborenen kannte keine Grenzen. Die in Accra erscheinende Tageszeitung »Times« brachte ein auf den Kopf gestelltes Zeppelinbild. Theo Wüllenkemper, der Vater der neuen Zeppeline, rannte sofort zur Redaktion. Doch dort mußte er die erstaunte Antwort hören: »Wieso? Das verstehen wir nicht. Bei einem Schiff steht der Kapitän doch immer oben auf der Brücke.«

„Wenn der Luftfahrer an sonnigem Tage über die Lande dahinzieht, so sagt ihm das wonnetrunken schauende Auge schon von selbst, wie er zu steuern hat.“
Graf Zeppelin

Bild 12-13:
Anlässlich der Versuchsfahrten in Ghana wurde diese Darstellung vom WDL1-Luftschiff veröffentlicht – Motto: Bei einem Schiff steht der Kapitän doch immer oben auf der Brücke...

Bild 12-14:
Das „HELISTAT"-Projekt, u.a. für den Transport von Baumstämmen gedacht, wurde in den USA realisiert. Vier Helikopter waren für den Vor- und Auftrieb zuständig. Beim ersten Freiflug-Test im Juli 1986 zerschellte es.

sammenarbeit (BMZ) soll laut Presseberichten 4,5 Millionen DM für die Testflüge geopfert haben. Ob Werbung, Test oder Spaß die Hauptsache war, darüber werden die zahlreichen Experten zu befinden haben, die mitreisten. Einer von ihnen gestand später, er habe das Ganze zunächst für einen Jux gehalten, aber das Honorarangebot der GTZ sei zu verlockend gewesen, um abzulehnen.

Entschieden anderer Meinung war der Eigentümer des Luftschiffes. Geradezu Pionierleistungen seien vollbracht worden mit dem Aufblasen des Vogels im Freien. Hatte die Haut doch nachts auf dem Flugfeld gelegen und plagte die tapferen Boden-Mannen die Angst vor Schlangen. „Erst der Rat einer ghanaischen Gemüsefrau, die mit Bestimmtheit erklärte, Zwiebel vertrieben Schlangen, brachte sie ans Werk und das große Windei in die Höhe."

Trotz aller Widersprüchlichkeiten dieses durch Steuergelder finanzierten Projekts, sollten die gewonnenen technischen Erkenntnisse dennoch in keinster Weise geschmälert werden, da sie von erheblichem Nutzen für zukünftige Projekte waren, so z.B. die Temperaturvermessungen an der Hülle unter der täglichen Sonneneinstrahlung.

- Im Jahre 1980 starteten die Amerikaner das HELISTAT-Projekt. Es wurde im Auftrag der US-Forstdienste von dem Hubschrauberpionier Frank Piaseki mit einem Kostenaufwand von 20 Mill. $ von der Piaseki Aircraft Corp. entwickelt und gebaut.

  HELISTAT sollte u.a. schwere Baumstämme transportieren. Es handelte sich bei dem Projekt um eine 105 Meter lange, zigarrenförmige Hülle mit 27.000 m³ Helium gefüllt. Für zusätzlichen Auftrieb und für den Vortrieb waren vier Hubschrauber des Typs Sikorsky SH-34J an den Ecken einer großräumigen Gitterstruktur verankert, die mit dem eigentlichen Auftriebskörper, der Gashülle, verbunden war. Die geplante Nutzlast lag bei 22,5 Tonnen. Am 3. Juli 1986 berichtete der Bonner General Anzeiger über den Absturz des Riesenluftschiffes während eines Testfluges in Lakehurst, USA. Die Ursache des Unfalls, bei dem das Luftschiff zerschellte und ausbrannte und bei dem eines der fünf Besatzungsmitglieder ums Leben kam, lag wahrscheinlich in der Fehlfunktion eines der Hubschrauber, von dem Feuer ausging.

- Ein technisch interessantes Projekt mit der Bezeichnung „LTA 20 heavy lifter-airship“ wurde in der Fachzeitschrift „Aviation Week“ vom 30. November 1981 vorgestellt. Es handelt sich dabei um eine um die horizontale Achse rotierende Kugel, die als Auftriebskörper fungiert und unter gleichzeitiger Horizontalbewegung den sog. Magnus-Effekt als zusätzlichen aerodynamischen Auftrieb nutzt (nach Heinrich G. Magnus 1802-1870, einem deutschen Physiker, benannt). In der Praxis wurde der Effekt 1870 beim Schlagen von Cricket-Bällen beobachtet: ein abgenutzter Ball flog weiter als ein Neuer. Daten des Modellballons: 6 m Durchmesser, 113 m^3 Volumen, Heliumfüllung, 2,5 Mill. $ Kosten. Initiatoren des Projektes waren Frederick D. Ferguson, Präsident der Van Dusen Development Corp. in Ottawa, und Van Dusen. Der Prototyp wurde als Schwerlasttransportgerät geplant, ähnlich einem „Riesenrochen“, wobei die Gondel an den Armen von der kugelförmigen, mit Helium gefüllten Hülle hängt. Beabsichtigte Fertigungsmaße: 48 m Durchmesser, 57.000 m^3 Volumen, 68 Tonnen erzeugter statischer Auftrieb, 13 Tonnen zusätzlicher aerodynamischer Auftrieb durch den Magnus-Effekt. Die Kosten wurden mit 4,5 Mill. $ veranschlagt bei einer Bauzeit von 2 bis 3 Jahren. Zur Durchführung des Projektes wurde die kanadische Fa. Magnus Aerospace in Ottawa ins Leben gerufen. Ob und welche Fortschritte bei der Verwirklichung dieses Projekts erzielt werden konnten, ist dem Autor nicht bekannt.

Bild 12-15: Das „LTA 20 heavy lifter-airship“ frei fliegend bei einem Modellversuch. Durch den rotierenden kugelförmigen Gaskörper nutzt man in Verbindung mit einer Vortriebsgeschwindigkeit den sogenannten Magnus-Effekt für einen zusätzlichen Auftrieb.

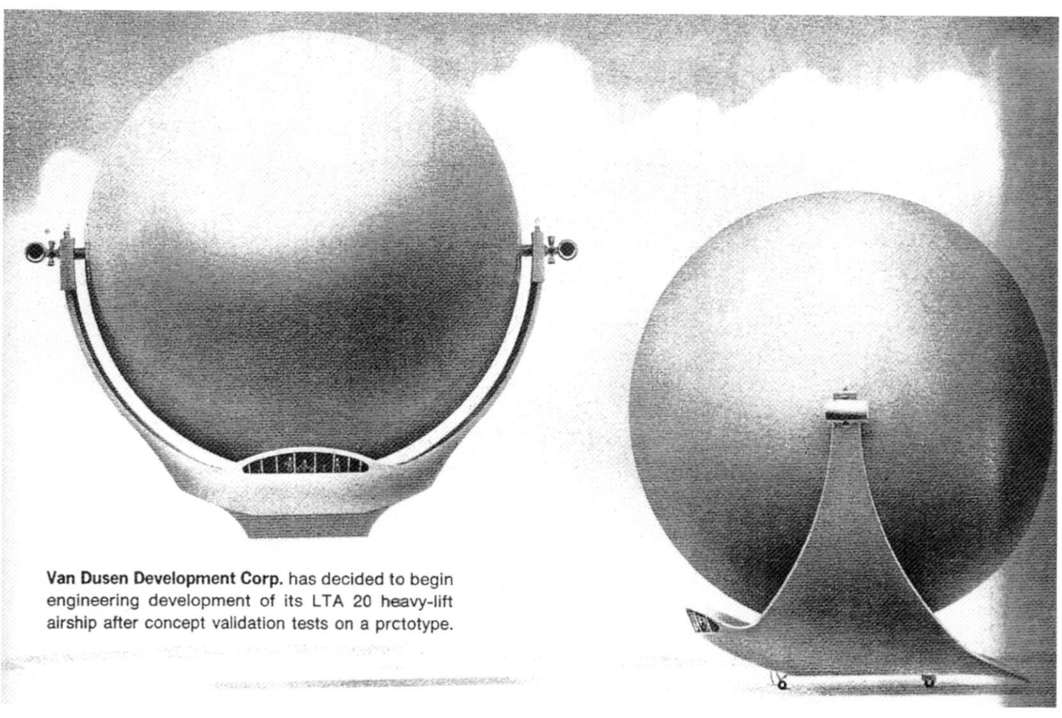

12

Die Anfänge eines Neubeginns

Das Jahr 1994 war entscheidend für den Durchbruch und die sich heute abzeichnende Entwicklung auf dem „Lighter than air"-Sektor in Deutschland. Mit der Gründung der „European Heavy Lift Group", in der Vertreter von Schwerlasttransportfirmen und Energieerzeugungsunternehmen zusammengeschlossen sind, wurde ein entscheidender Beitrag für die Zukunft von Schwerlast-Ballonen geleistet, vor allem auch durch das im Oktober 1994 in Toulouse abgehaltene Internationale Symposium LTA 2000.
(Anmerkung: Die Vertreter waren Rolf D. Riedl von der gleichnamigen internationalen Schwerlastspedition aus Hagen, Helge Westerholt von der Siemens AG, Bereich Energieerzeugung (KWU), sowie Günter Horn von der Spedition Deugro in Frankfurt/Main.)
Hier ging es u.a. um internationale Regeln für Schwerlast-Ballone. Zwar muteten einige der vorgestellten Projekte zur Neubelebung der Konzeptidee von Schwerlast-Ballonen und steuerbaren Luftschiffen durchaus utopisch, wenigstens aber stark futuristisch an, dennoch existierten konkrete Forschungs- und Versuchsprojekte für den Hebe- und Transportbereich, die im Fachmagazin „Transport Markt", Heft 12/1994, skizziert wurden:
„Programme kanadischer und russischer Forschungsgruppen sind gezielt auf Luftschiffe orientiert, mit denen größere Lasten über weitere Entfernungen transportiert werden können. Sie tragen den natürlichen Landschaftsformen und Gegebenheiten ihrer Heimat weitgehend Rechnung.
- Die Pan Atlantic Aerospace Corp. NEPEAN in Kanada experimentiert gegenwärtig mit einem Luftschifftyp ‚LEAP' (Long Endurance Airship Platform) in einer horizontalen Modulbauweise für Mehrzweckanwendung. Man denkt an Tragkräfte bis zu 185 Tonnen im Anfangsstadium und bis ca. 500 Tonnen im Endausbau.
- Das russische Forschungs- und Ingenieurteam ‚The Thermoplan Design Bureau' des Moskauer Luftfahrtinstituts setzt auf einen ‚Thermoplan Typ Russia 4001' mit einer Mischung von Gas und Heißluft für den Auftrieb. Der runde, muschelförmig (UFO-ähnlich) gestaltete Flugkörper kann je nach Größe für Tragkräfte bis zu 600 Tonnen ausgelegt und dabei wie eine Ziehharmonika auseinander gezogen werden, um die Kapazität für die Aufnahme des Traggases und damit die Auftriebskraft zu vergrößern. Zur Zeit wird mit einem flugfähigen Prototyp ALA-40 von 32 m Durchmesser und 3,5 Tonnen Tragfähigkeit experimentiert."

- Am 19. Februar 1995 stellte „The Sunday Times" das Projekt eines Luft-Carriers vor, der 2,4 km lang, 3400 Passagiere (bzw. eine entsprechende Masse) befördern und sich mit 160 km/h fortbewegen sollte. Für die Hüllenwand war eine Wabenstruktur (Honeycomb) mit einer Dicke von drei Metern vorgesehen. 160 Elektromotore, entwickelt bei der NASA, sollten von Gasturbinen, Solarstrom und thermo-elektrischen Systemen angetrieben werden. Der Teamleiter des Projekts, Prof. Charles Owen, Direktor des Entwicklungslabors des „Illinois Institute of Technology",

Bild 12-16:
Ein modulförmig aufgebauter Flugkörper (LEAP) der kanadischen Entwicklungsgesellschaft NEPEAN. Zwischen den Modulen können nach Belieben Lastträger-Module montiert werden. Das vorhandene Modell ist 20,4 m lang und kann eine Nutzlast von 33 kg transportieren.

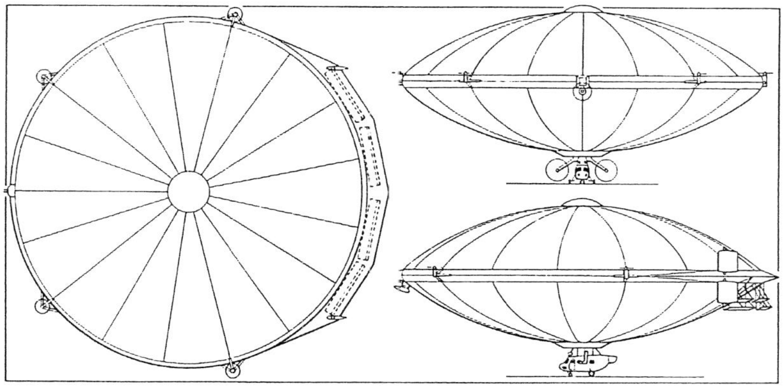

Bild 12-17:
Das russische Projekt Thermoplan Typ Russia ALA-40 im Test 1992. Der Auftriebskörper besteht sowohl aus einer Gas- wie auch aus einer Heißlufthülle.

zog folgenden Vergleich: „Die Größe eines Blimps von 8000 m³ reduziert sich auf die Größe eines Partyballons!“

Sollte der Luft-Carrier für Andockmanöver am Erdboden zu groß sein, so würde er als Mutterschiff permanent im „Luftraum“ geparkt. Sechs kleinere Luftschiffe fungierten dann als Zubringer. Die Idee des nie verwirklichten Luftschlosses (Giant pie in the sky) wurde trotz allem mit einem (bronzenen) Preis bei dem 6. Internationalen Design Wettbewerb in Osaka/Japan ausgezeichnet.

- Der Vollständigkeit halber muss auch erwähnt werden, dass in den Niederlanden laut Presseberichten von 1996 der Bau von Starrluftschiffen mit staatlicher Finanzunterstützung in Planung war. Wortführer des Projektes war W. Tijssen, die Durchführung lag bei I. Alexander von „Rigid Airship Design“. Das 156 m lange Luftschiff sollte ursprünglich 1999 am Himmel erscheinen, Kostenprognose 60 Mill. Gulden. Als marktwirtschaftliches Argument wurde u.a. auf die Schaffung von 200 neuen Arbeitsplätzen hingewiesen. Die Fertigstellung des mittlerweile 180 m langen Luftschiffes (RA-180) mit einem Gesamtvolumen von 83.000 m3 und einer Aktionsstrecke von 20.000 km (!), wurde zunächst auf den Sommer 2001 verschoben. Zwischenzeitlich ist die Firma „Rigid Airship Design“ zahlungsunfähig und der erste Probeflug auf unbestimmte Zeit ausgesetzt.

- Auf dem DGLR-Workshop im Mai 1999 in Bremen wurde ein „Transportluftschiff geringerer Reichweite“, Helikran genannt, vorgestellt. Es handelt sich dabei um ein Entwicklungs-

Bild 12-17a:
Computer-Animation des geplanten Starrluftschiffes der „Rigid Airship Design Group“.

projekt des Instituts für Luftfahrttechnik und Leichtbau e.V. im Auftrag der HeliLiner AG. Bei einem Hüllen-Gesamtvolumen von 116.600 m³ soll eine Nutzlast von 44 Tonnen über Strecken von 50-250 km transportiert werden. Bisher wurde ein Demonstrator von 64 m³ Volumen für eine Nutzlast von 1,5 kg gebaut und 1998 erprobt.

- Der britische Konstrukteur Roger Munk plant derzeit ein gewaltiges Transportluftschiff für Passagiere und Lasten bis zu 1000 Tonnen. Folgende „Skycats“ sollen realisiert werden: Skycat 15, d.h. 15 Tonnen Fracht oder 100 Personen, Erstflug Mitte 2001, Skycat 200, d.h. 200 Tonnen Fracht, Erstflug 2002 sowie Skycat 1000, d.h. Zuladung 1000 Tonnen, Start 2004. Die gewaltigen Dimensionen des Letztgenannten: 307 m lang und 77 m Durchmesser. Auch die angesetzten Entwicklungskosten sind eindrucksvoll - das Projekt, eine Mixtur aus Luftschiff und Luftkissenboot, soll 200 Mio. Euro verschlingen.

Bild 12-17b:
„Skycat“ des britischen Konstrukteurs Roger Munk. Das riesige Transportluftschiff soll Passagiere und Lasten von bis zu 1000 Tonnen transportieren können.

Dies also eine Auswahl von Ideen, Planungen, Ausführungen, Experimenten, Erfahrungen und vor allem Enttäuschungen auf dem Gebiet der „Schwerlasttransport-Luftschiffe“ in den letzten 40 Jahren. Weitere Projekte, die des CargoLifter P1, 160 bzw. des CL 75, die sich zur Zeit in der Pilotphase der Verwirklichung befinden, werden im folgenden Kapitel vorgestellt.

12.1 Das CargoLifter-Projekt

Die Anfänge

Der erste Meilenstein auf dem Weg zur Gründung von CargoLifter wurde am 22. November 1994 gelegt, als erstmals unter dem Namen „CargoLifter“ die Thematik eines neuen Schwertransportmittels zwischen Vertretern der einzelnen Institutionen u.a. Herrn Westerholt von VDMA und Herrn Dr. Carl von Gablenz diskutiert wurde. In einem Brief von Dr. von Gablenz vom 5. Februar 1996 an die potenziellen Mitglieder des Engineering-Teams CargoLifter hieß es dazu: „...außer der Problematik des Transportes der schwer- und großvolumigen Güter des Maschinen- und Anlagenbaus (waren) keine Informationen und konkreten Vorstellungen für den Bau vorhanden. Erst durch die Zusammenarbeit in dem

Initiativkreis CargoLifter der Verkehrsleiter Großanlagenbau im VDMA wurden das Volumen und das Potential für ein neues Schwerlasttransportmittel fassbar - allein 12 Unternehmen des deutschen Maschinen- und Anlagenbaus haben jährlich ca. 360 Teile mit über 100 t. Gewicht oder einer Länge von mehr als 25 m zu transportieren - und das zunehmend in unerschlossene Gebiete!"

Weitere wichtige Schritte auf dem Weg zur konkreten Projektierung des CargoLifter-Transportkonzepts:

Juni 1995: Eine Studie im Auftrag der Mitglieder des Initiativkreises und der VDMA stellt fest, dass diese Unternehmen 60 Mio. DM allein für den Transport von 300 Großteilen ausgeben, wobei jeder Transport durchschnittlich 19 Tage dauert.

Anfang 1996: Ein Kreis von Ingenieuren (Engineering Team CargoLifter genannt) setzt sich mit den Initiatoren, Unternehmern und Fachleuten aus dem Bereich Transport und Fertigung zusammen. Der Bau von fünf Großluftschiffen steht zur Diskussion.

29. Februar 1996: Im Zeppelinmuseum in Zeppelinheim bei Frankfurt findet das Eröffnungsmeeting von drei Arbeitskreisen (AK), dem AK Technik, dem AK Betrieb und dem AK Wirtschaftlichkeit/PR, statt.
Wie bei den weiteren Meetings liegt die Gesamtkoordination in den Händen von Dr. von Gablenz.

14. März 1996: Bei einer Sitzung des AK Technik im Zeppelinmuseum geht es um die Anpassung und Machbarkeit der Nutzlastabmessungen und der Definition „punktgenaues Aufnehmen und Absetzen der Nutzlasten". Es wird geklärt, ob die Wünsche der Speditionsfachleute technisch durchführbar sind.

26. Juni 1996: Auf dem als möglicher Standort für den Hangar ins Auge gefassten Flugplatz Hahn im Hunsrück findet eine weitere Sitzung des Engineering Teams statt.

15.-19. Juli 1996: In Wiesbaden tagen die AK Kosten/Akzeptanz und Markt. In Presse, Rundfunk und Fernsehen erscheinen immer häufiger Berichte über das CargoLifter-Projekt.

1. September 1996: In Wiesbaden findet die Gründungsveranstaltung der CargoLifter Aktiengesellschaft statt. 94 Mitglieder bringen als Startkapital 767.450 DM auf, die Aktie mit 5,- DM Nennwert, kann für 20,- DM erworben werden.

27. November 1996: Im Zeppelinmuseum findet die Abschlusssitzung des Engineering Teams statt.

Zitat aus dem Protokoll dieser Sitzung:
„Ziel muss es jetzt sein, bis zum Jahr 2000 den ersten CargoLifter mit 160 t. Zuladung zum Erstflug zu bringen, um so umgehend operativ zu werden und neue Erfahrungen im Betrieb solch großer Luftschiffe zu gewinnen" (Dr. v. Gablenz).
Die Teilnehmer wurden darüber informiert, dass Dr. Mowforth (heutiger Chefkonstrukteur bei CargoLifter) verantwortlich für das Strukturkonzept ist. Er schlug ein Kielluftschiff vor, wobei am Kiel die Nutzlast mittels eines Nutzlastrahmens aufgehängt wird und auch die anderen konzentrierten Lasten eingeleitet werden. An diesem Kiel wird die Außenhülle befestigt, die ihrerseits die Gaszellen in ihrer Position hält und so die Auftriebskräfte des Gases auf den Kiel leitet.
Hinsichtlich Antrieb und Steuerung sollen die Triebwerke für Reiseflug und zum Manövrieren getrennt werden. Im Reiseflug sollen demnach Dieselaggregate mit Abgaskondensator zur Ballast-Wassergewinnung angeschlossen werden. Zum Manövrieren beim Umladen des Schiffes sind Gasturbinen mit Schubstrahlflächen vorgesehen.

10. März 1998: Wegen „technischer Missverständnisse" in der Durchführung der technischen Konzeption wurde das Engineering Team über den Projektstand des CargoLifter von Dr. v. Gablenz in Wiesbaden kurz informiert.

12

Zwischenbilanz: Die Situation im März 2000

CargoLifter ist seit 1996 durch kontinuierliche Medien- und Öffentlichkeitsarbeit und eigene Publikationen auch auf Messen und Veranstaltungen präsent, nicht zuletzt international. Laut Geschäftsbericht gab es 1999 alleine bis zum 3. Quartal 1000 Beiträge in Printmedien, Hörfunk und Fernsehen. Daraus berechnete man weit über 200 Mio. Kontakte zu Lesern, Hörern und Zusehern. Der Interessierte findet vor allem im Internet die gewünschten Informationen. In Stellenanzeigen wurden in den Jahren 1998-2000 zahlreiche Stellen „spezieller Art“ für das Transportluftschiff, auch gerne „fliegender Kran“ genannt, ausgeschrieben. (Der Begriff fliegender Kran wurde jedoch schon 1993 in Frankreich eingeführt, vergl. Kap. 12)

Anfänglich, 1994, wollte man Aerostaten für große Lasten im Kurzstreckenbetrieb - vom Fertigungsort der schweren Nutzlast (Turbine, Generator, etc.) bis zum nächsten Hafen oder Flugplatz - einsetzen. In der Gründungsphase, 1996, setzte sich dann aber die Idee für ein Luftschiff - eben CargoLifter genannt - durch, das große Strecken bis 10.000 km zurück legen können soll. Im Jahr 2000 schien aus wirtschaftlichen Gesichtspunkten der Bedarf im Güter-Schwertransport doch zu 90 % im Kurzstreckenbetrieb zu liegen. Aus dem bereits erwähnten Geschäftsbericht 98/99 geht hervor, dass 30 Mio. Tonnen von den weltweit 5 Milliarden Tonnen Gesamtkapazität an Gütertransport von CargoLiftern transportiert werden können. Dazu benötigte man allerdings circa 200 Luftschiffe der Größe des CL 160. Als Trainingsobjekt für sowohl angehende Piloten des CargoLifter als auch die Bodenmannschaft wurde im Sommer 2000 das Skyship 600 - ein über 60 Meter langes Luftschiff - angeschafft.

Mitte des Jahres 2000 erfolgte der Börsengang.

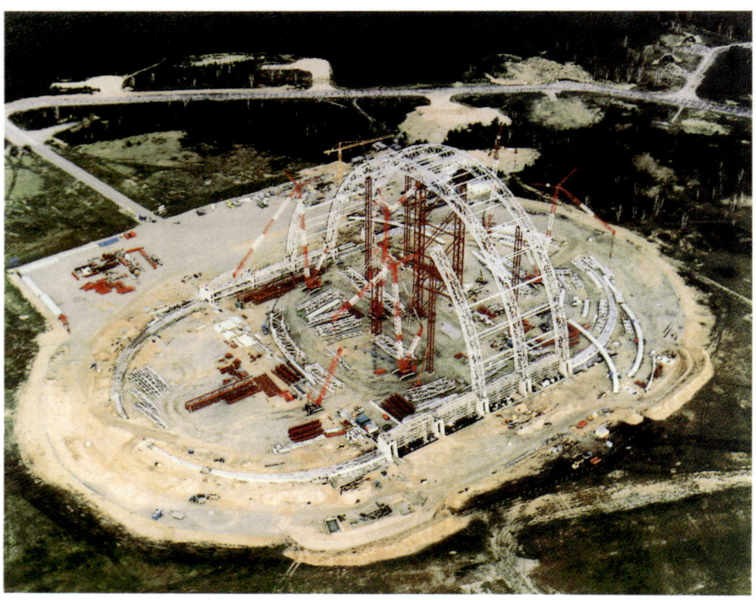

Das Risiko der Aktionäre

Generell übt ein Luftschiff auf viele Menschen eine emotionale Ausstrahlung aus. Diese Begeisterung hat sich auch auf die CargoLifter-Aktionäre übertragen, wohlwissend, dass es sich um ein innovatives Projekt handelt, das sowohl kommerziell wie technisch ein Risiko darstellt. Noch ist kein CL 160 gebaut, geschweige denn zugelassen. Aber das Vertrauen und die Zuversicht sind groß. Bis Februar 2000 stieg die ursprüngliche Aktionärszahl von 94 (September 1996) mit einem Aktiengrundkapital von rund 760.000 DM auf über 61.000 Aktionäre (Februar 2001), mit einem Aktiengrundkapital von 300 Mio. DM. Die Mitarbeiterzahl beträgt mittlerweile (März 2001) 413, davon arbeiten über 200 Ingenieure an der Entwicklung des CL-160-Systems, 16 Nationen sind vertreten.

Was ist in Sachwerten vorhanden? Der Besucher wird überrascht sein über das, was er in Brand im Land Brandenburg, 70 km südlich von Berlin, vorfindet (Dezember 2000). Eine Riesenhalle mit den Abmessungen 360 m Länge, 210 m Breite und 107 m Höhe, mit den größten Toren der Welt und Raum für zwei CL-160-Luftschiffe, ist auf dem ehemaligen russischen Militärflughafen in der früheren DDR entstanden. Die entstandene Werft inklusive Halle und Produktionsmittel zum Bau und Transport von Luftschiffen stellt einen Verkehrswert von 175 Mill. DM dar und ist Eigentum der Aktionäre. Für das Ingenieurteam, besonders für die jungen Mitarbeiter ist es eine Herausforderung und zu-

Bild 12-18:
Bauphasen der Halle der Cargo-Lifter AG. Beginn (linke Seite), Rohgerüst, fertige Halle und Innenansicht mit virtuellem CL 160-Modell. Foto: CargoLifter AG

gleich eine einmalige Möglichkeit, an neuen Technologien eines außergewöhnlichen Projektes der Luftfahrttechnik mitarbeiten zu können. Hier wird neues Know-how geschaffen, das sich wahrscheinlich zunächst nicht in „sichtbaren Werten" ausdrücken wird.

In gewisser Hinsicht scheint es Parallelen zu den Anfängen der Raumfahrttechnik in Europa vor ca. 35 Jahren zu geben. Dabei ist nicht in erster Linie an die Entwicklung der Raketentransportsysteme (EUROPA-Rakete I und II) gedacht, sondern vielmehr an den Bau von Forschungssatelliten und Raumsonden, wobei selbstverständlich ohne funktionsfähige Raketen keine Raumfahrt möglich gewesen wäre. Damals gab es noch keine Lehrgebiete zur Raumfahrttechnik an den Universitäten und Hochschulen in Deutschland. Mit Simulationstechniken zu den notwendigen strukturellen und thermodynamischen Prüfverfahren gab es noch keinerlei Erfahrungen. Begriffe wie Qualitätskontrolle, Produktsicherung, Zuverlässigkeit etc. gehören heute dank der Raumfahrttechnik zur Selbstverständlichkeit. Die Entwicklung eines flugfähigen Satelliten war ein sich wiederholender Prozess, der jedesmal, wenn er durchlaufen wurde, eine Reihe neuer Probleme aufwarf und in dem allmählich eindeutige Lösungsmöglichkeiten gefunden wurden. Es sei an dieser Stelle aber auch an die Misserfolge, besonders in der amerikanischen und europäischen Raketenentwicklung, erinnert.

Es gab allerdings auch keinen „Satelliten-TÜV" und kein „Satelliten-Bundesamt" für die Zulassung. Lediglich der Raketenbetreiber prüfte, ob die spezifizierten Daten wie z.B. Beschleunigungs- und Temperaturgrenzwerte eingehalten wurden und die eingesetzten Materialien „Spaceproofed" waren.

Vorstand und Aufsichtsrat der CargoLifter AG weisen in Aufsätzen, im Geschäftsbericht 1998/99 und auf der 3. Jahreshauptversammlung im März 2000 immer wieder darauf hin, dass es sich beim CL 160 um ein Risikoprojekt handelt. Nun ist es aber auch eine Lebenserfahrung, dass ohne Risiko kein Fortschritt gegeben ist. Um das Risiko zu relativieren, sollen im Folgenden einige Kommentare wiedergegeben werden, die zu Fragen von Aktionären auf der 3. Jahreshauptversammlung gegeben wurden.

Dr. von Gablenz zeigte sich selbst erstaunt über die Entwicklung von CargoLifter hinsichtlich der Aktionärszahlen und des angesammelten Grundkapitals. Zitate:
„Letztlich haben wir noch kein Produkt, es bleibt ein Projekt mit technischen und wirtschaftlichen Risiken.“
„Wir sind dabei, ein komplett neues System aufzubauen.“
Zu Testfahrten und Vorversuchen äußerte er sich folgendermaßen:
„Der Joey (1000 m^3) eignet sich wenig dazu, Vergleiche zum CL 160 anzustellen“.
(Anmerkung des Autors: Das Experimentalluftschiff Joey erhielt im Okt. 1999 seine vorläufige Verkehrszulassung. Der Längen-Maßstab(LM)-Vergleich zwischen Joey und CL 160 ist 1/8, der Volumen-Maßstab(VM)-Vergleich ist 1/540. Letzterer ist auf das Traggasvolumen bezogen und nach den Gesetzen der Ähnlichkeitsmechanik realistischer als der LM.)

Kommentare von Herrn Karl Bangert zu Fragen der Rentabilität:
„Die Chancen, dass das Luftschiff funktioniert, sind viel größer, als die Risiken.“
„Die Rentabilität darf im Rahmen der Planung nicht gefährdet werden.“
„Aktuelle Baukosten für den CL 160 P1 werden auf 550 Mill. DM veranschlagt.“ (März 2000)
„Den Wertbegriff `Tonnenkilometerpreis` gibt es nicht im Luftschiffbereich.“

Geworben wird auch mit der Meinung des Vorsitzenden von IBM, Herrn Erwin Staudt.
Zitat: *„Der CargoLifter ist eine Superidee.“*

Einige Bemerkungen zum technischen Stand des CL 160 im März 2000

Es liegt in der Natur der Sache, dass bei einem Projekt dieser Größenordnung kontinuierliche Veränderungen in der Entwicklungsphase gegeben sind. Dies ist bei einem Pilotprojekt unaus-

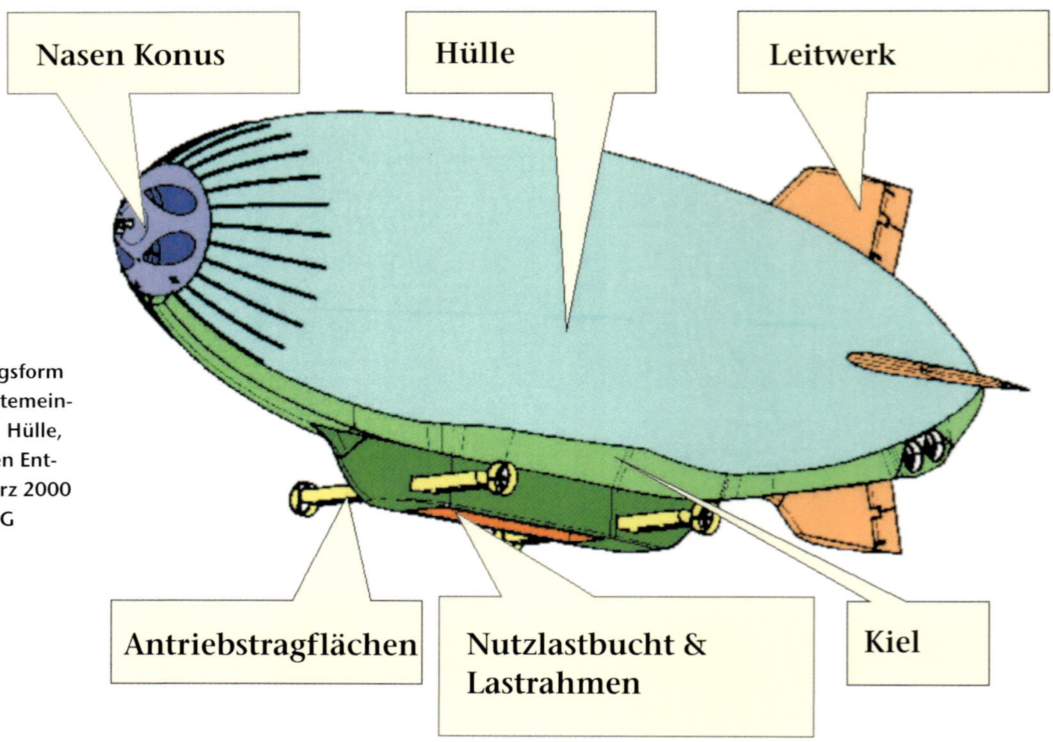

Bild 12-19: Dargestellt ist hier das Luftschiff CL 160 in Längsform mit den wichtigsten Systemeinheiten wie Nasenkonus, Hülle, Leitwerk etc. Es stellt den Entwicklungsstand von März 2000 dar. Abb.: CargoLifter AG

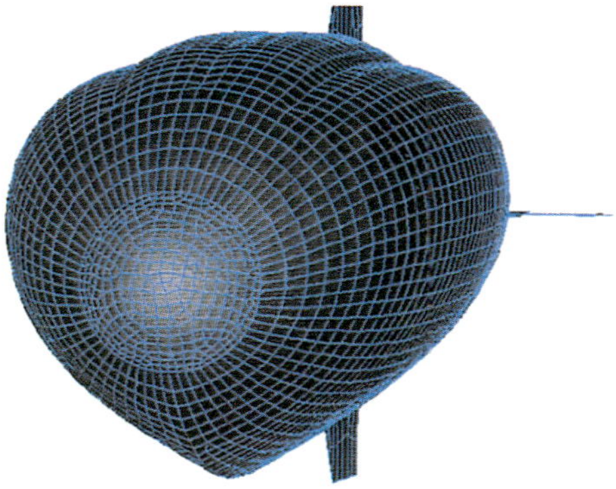

Bild 12-20:
Zu sehen ist hier der Querschnitt des CL 160 als verfeinertes Finite-Elemente-Modell sowie das einfache (ein Lastband in der Mitte des Luftschiffes in Längsachse) und das verfeinerte Modell (drei Lastbänder) zur Berechnung der Hüllenspannung. Die Lastbänder übernehmen zum größten Teil die Kräfte, die durch die Nutzlast und das Kielgewicht auftreten. Sie entlasten die Hülle. Durch die Lastbänder entsteht der typische Herzform-Querschnitt.
Abb.: CargoLifter AG

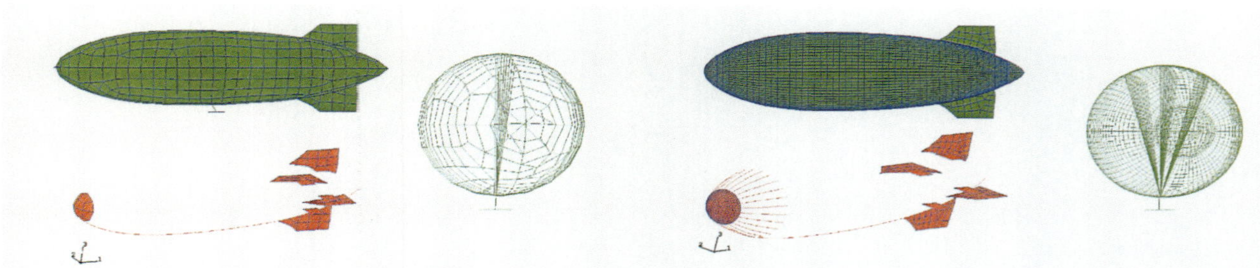

weichlich. Bei jeder Veränderung muss jedoch sichergestellt sein, dass die Gesetze der Physik weiterhin Gültigkeit behalten und die technische Machbarkeit gegeben ist, auch unter Einbeziehung von Forschungs- und Entwicklungsarbeit sowie vertretbarer Wirtschaftlichkeit.
So sollte das hier präsentierte Konzept (Stand: März 2000) bald schon ganz anders aussehen. An Hand der Abbildungen auf dieser Seite werden nun punktuell die wichtigsten technischen Details der Grobkonzeption incl. Bauprinzip und Form vorgestellt, so wie sie auf der 3. Jahres-Hauptversammlung im März 2000 präsentiert wurden:

Geometrische Form
Kielluftschiff, 260 m lang, 65 m Durchmesser, Gesamtvolumen 550.000 m^3

Der Kiel (Keel)
Zitat aus dem Geschäftsbericht 1998/99:
„Das Rückgrat des CL 160 ist der Kiel, der mit über 200 m Länge und seinen ca. 10 m Höhe die Systeme und die Crew beherbergt. Hier werden hauptsächlich Kohlefaser und Aluminiumstrukturen verarbeitet und die Systeme in vorgefertigte Komponenten integriert.“

Der Kiel dient u.a. zur Unterbringung aller Systeme. Es gibt nur eine Traggaszelle mit zwei Ballonetts. Der Querschnitt des Luftschiffs entspricht einer Herzform, vergl. Kap. 4.2.4. Im Heck des Kiels sind zwei Querschubtriebwerke integriert.

Nasen-Konus (NK, Bug des Luftschiffes)
Vom NK gehen sternförmig Versteifungsleisten ab, die der Integration und Stabilisation der Hülle dienen.
Im NK sind zwei Manövriertriebwerke integriert, ferner beherbergt es die Ausrüstung für die Verankerungselemente wie Winden und Seile.
Der NK beherbergt weiterhin die Vorrichtungen für das Auffüllen und Nachfüllen von Brennstoff, Wasser, Helium und elektrischer Energie, wenn das Luftschiff am Haltemast „parkt“.

Die Hülle
Die Außenhülle ist gleich Gashülle. Sie ist ganz entscheidend an der Kraftübertragung zum Kiel und damit an der Nutzlast beteiligt.
Der derzeitige Aufbau des Hüllenmaterials besteht aus sechs Schichten (Tedlarschicht/Kleber/Mylarfolie/Kleberfilm/Leichtgewicht-Gewebe/Oberflächenbeschichtung). Das Flä-

Bild 12-21: LZ 127 „Graf Zeppelin" beim Einbringen in die Halle, 20. Juli 1937

Bild 12-22: Virtuelles Bild des CargoLifter CL 160. Abb.: CargoLifter AG

chengewicht wird mit ca. 1 kg/m² angegeben. Das bedeutet bei einer Hüllenoberfläche von 65.000 m² ein Gewicht von 65 Tonnen. Für die Verarbeitung (Verschweißen) müssen spezielle automatisierte Techniken entwickelt werden.

Die Hülle für die zwei Ballonetts ist aus einem hochflexiblen und ermüdungsarmen Material vorgesehen.

Leitwerke

Die kreuzförmigen Leitwerke haben die Aufgabe, das Luftschiff während der Reise im Fahrverhalten zu stabilisieren. Zitat Dr. v. Gablenz: „Durch die klassische Leitwerkversion sind Luftschiffe dieser Größe noch kontrollierbar."

Antriebs-Tragflächen (Powerwings)

In den vier „Tragflächen" sind je drei Turboschaft-

Triebwerke (Gasturbinen) installiert, ein Marschtriebwerk für die Vortriebsgeschwindigkeit und während der Erprobungsphase vier Manövriertriebwerke (Querschubtriebwerke). Ursprünglich waren für den Reiseflug Dieselaggregate mit Abgaskondensatoren zur Ballast-Wasser-Rückgewinnung vorgesehen. Mit dieser Antriebsanordnung in Verbindung mit den „Stummel-Tragflächen" kann der aerostatische Auftrieb durch einen aerodynamischen Auftriebsanteil (wie bei einem Flugzeug bzw. Hubschrauber üblich) unterstützt werden. Man denkt daran, 5 % des Auftriebs auf diese Weise zu erzeugen. Bei dieser Technik spricht man von „schwer fahren" (vergl. Kap. 12). Diese Lösung geht auf Kosten eines erhöhten Kraftstoffverbrauchs für die Triebwerke. Die Bemühungen der Aerodynamiker, einen möglichst günstigen Widerstandsbeiwert (cw) über die Hüllengeometrie zu erreichen, um mit geringen Antriebsleistungen auszukommen, werden allerdings durch diese Technik komplexer!

Nutzlast-Bucht und Tragrahmen

(Payload bay und load frame)

Zitat aus dem Geschäftsbericht 1998/99: „Im Rahmen eines iterativen Entwicklungsprozesses haben die Entwickler in enger Abstimmung mit den künftigen Schlüsselkunden eine elegante Lösung gefunden, den Tragrahmen möglichst leicht und sehr flexibel zu gestalten, ohne die Tragkraft und insbesondere die Sicherheit zu gefährden. Zusätzlich wird die Last nun sogar innerhalb des Luftschiffes im ‚Loadbay' befördert - ein deutlicher Gewinn für den Kunden, der seine Komponenten damit absolut geschützt transportiert bekommt, eine Erleichterung für die Zulassung und nicht zuletzt weniger Luftwiderstand." Das Luftschiff wird weniger komplex sein (vergl. hierzu die Version von CL 160 von 1997, Kap. 4.2.3, Bild 4-13).

An Hand der benötigten Heliummenge für den ersten Füllvorgang des CL 160 lassen sich die gigantischen Ausmaße des Projektes erahnen. In Bodennähe bei 1 bar und 15 °C wird beispielsweise die 550.000 m^3 große Hülle mit 500.000 m^3 Helium gefüllt sein müssen, d.h., es werden 85 Tonnen Helium benötigt. Da das Helium bei -269 °C in flüssiger Phase angeliefert wird und es dabei ein Volumen von 680 m^3 annimmt, werden 17 „Tankwagen" mit einem Inhalt von 40 m^3 Inhalt benötigt. Bei einem Preis von derzeit 8 DM pro m^3 gasförmiges Helium belaufen sich die reinen Heliumkosten auf ca. 4 Millionen DM (ca. 2 Millionen Euro).

Ballastausgleich

Ein spezielles Problem stellt seit eh und je der Ballastausgleich bei Ballonen, besonders aber bei Luftschiffen durch den Kraftstoffverbrauch während der Fahrt etc. dar.

1928 löste man das Problem des Ballastausgleichs für den Brennstoffverbrauch beim Luftschiff „Graf Zeppelin" wie folgt. Als Motorentreibstoff verwendete man statt Benzin das sogenannte Blaugas, eine Mischung aus Wasserstoffgas und Propan. Es hat das gleiche spezifische Gewicht wie Luft und, bezogen auf die gleiche Masse, den gleichen Energieinhalt wie Benzin. Von den 17 Gaszellen waren 12 mit Wasserstoff (75.000 m^3) und fünf mit Blaugas (30.000 m^3) gefüllt. Der kontinuierliche Verbrauch der Blaugasmenge als Energiegas wurde durch die Umgebungsluft kompensiert. Das Luftschiff wurde also mit zunehmender Fahrt nicht leichter, wie es beim Verbrauch von Benzin der Fall gewesen wäre.

Darüber hinaus existieren aber noch weitere technische Möglichkeiten eines Ballastausgleichs:

Kondensation der Abgase zu Ballastwasser

- Temperaturerhöhung des Traggases in der Startphase
- Temperaturabsenkung des Traggases (theoretisch)
- Anstellwinkeländerung des Luftschiffkörpers (d.h. Änderung des Auftriebsbeiwertes), dieses Verfahren wurde schon bei früheren Zeppelin-Konstruktionen erkannt und angewandt.
- Kompensation durch vertikale Schubregulierung

Ein Besuch im Patentinformationszentrum in Aachen ermöglicht die Einsicht in viele Patente zum Ballastausgleich, beginnend um 1880. Speziell auf das CargoLifter-Projekt bezogen sei hier auf die 14-seitige Offenlegungsschrift DE 196 25 297 A1 vom 25. Juni 1996 verwiesen. In ihr wird

12

Transportballon simuliert Lastaustauschverfahren

TowTech CL 75 TT als Entwicklungsschritt auf dem Weg zum CL 160 – Montage ab Januar 2001 in der Werfthalle in Brand

Der TowTech CL TT 75 ist das neueste Projekt von CargoLifter. So ungewöhnlich das Vorhaben auch klingt: Für die Ingenieure ist es nur ein logischer weiterer Schritt bei der Entwicklung des Transport-Luftschiffs CL 160, vor allem für Entwicklung, Produktion und Test der Hülle und des Laderahmens.

Der TowTech, das ist wahrscheinlich der größte Ballon der Welt. 61 Meter im Durchmesser, gefüllt mit 110.000 Kubikmeter Helium. An ihm hängt die Last. 75 Tonnen, eingeladen in einen sechs mal sechs Meter breiten und 13 Meter langen Aluminium-Laderahmen, dem Multi-Purpose-Load-Frame (MPLF). Mit Laderahmen ist der Ballon sogar 85 Meter hoch. Gezogen wird das ungewöhnliche Gefährt durch einen Hubschrauber oder ein Bodenfahrzeug, und das in einer Höhe von 800 Metern über dem Meeresspiegel mit 70 Stundenkilometern. Die Reichweite: circa 250 Kilometer.

Am Anfang war „Joey“. Mit dem kleinen Bruder des CL 160 testeten die Techniker die Flugeigenschaften eines fliegenden Krans. Mit „Charly“, dem Luftschiff vom Typ Skyship 600, trainieren die künftigen Piloten das Flugverhalten. Mit dem TowTech leistet CargoLifter das nächste Stück Entwicklungs-

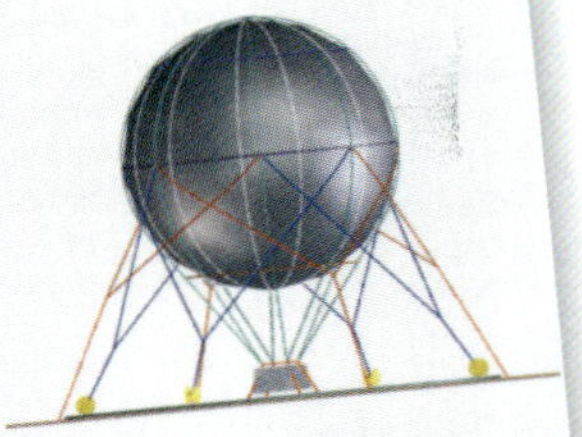

arbeit in der „Leichter-als-Luft“-Technologie. Der Riesenballon ist der erste große Test für das Lastaustauschverfahren, um die bisherigen Berechnungen aus den Simulationen zu verifizieren. Und auch bezogen auf das Volumen ist der TowTech der Zwischenschritt zwischen „Joey“ und dem CL 160: Das Gasvolumen von 110.000 Kubikmetern – immerhin größer als das der „Graf Zeppelin“ – erlaubt damit auch die vom Luftfahrtbundesamt in den TAR (Transport Airship Requirements) vorgeschriebenen Drucktests mit der

Quelle: CL-News, Januar 2001 (Textauszug)

das „Verfahren zum gezielten Absetzen oder Aufnehmen von Gütern und Personen aus Luftfahrzeugen“ beschrieben. Auch für die CargoLifter-Entwickler bleibt das Thema Ballastausgleich auf der Tagesordnung.

In den „CargoLifter-News“ von Januar 2001 wurden die Aktionäre durch den Bericht „Transportballon simuliert Lastaustauschverfahren“ überrascht. Bevor aber mit diesen Versuchen begonnen werden kann, muss der „Erstbefüllungsvorgang“ mit Helium erprobt werden. Der Ballondurchmesser ist fast identisch mit dem CL-160-Durchmesser.

Antrieb

Im Luftschiffbau stehen als Antriebe grundsätzlich Diesel- und Ottomotoren sowie Gastriebwerke zur Verfügung, vorausgesetzt sie sind luftfahrttechnisch qualifiziert und zugelassen.

Dynamische Belastung auf die Luftschiffstruktur bei harter Landung

Bei einem Luftschiff mit einem Volumen von 550.000 m³ und einer Heliumfüllung, ausgelegt um in Höhen von 2000 m zu operieren, werden

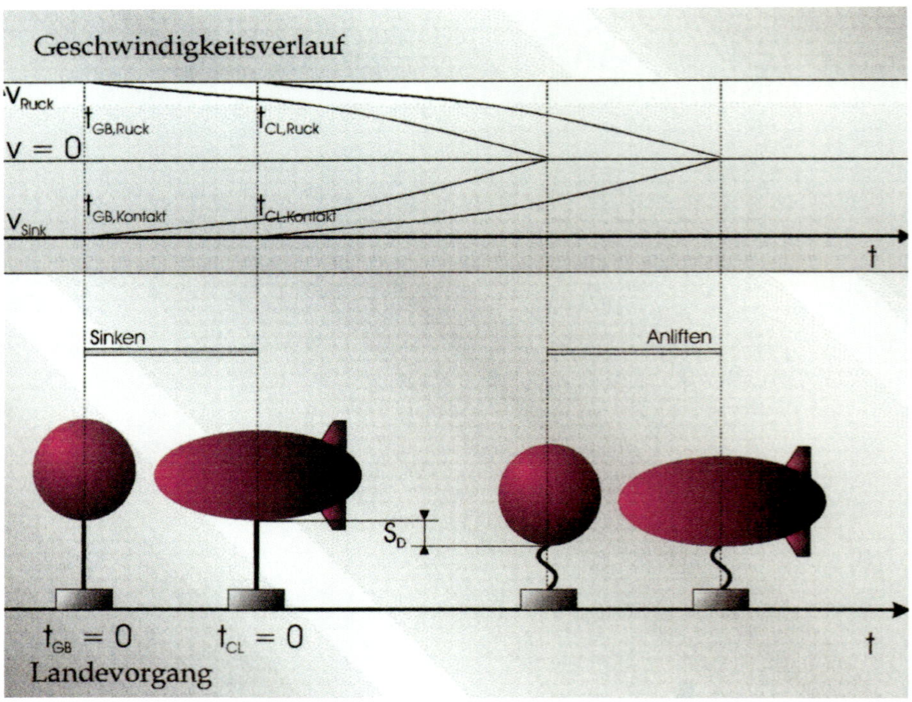

Bild 12-23: Landevorgang für den Vergleich: Gasballon-Luftschiff CL 160. Quelle: Interner Bericht von W. Hallmann und H.A. Mantzsch

in besagter Höhe die Ballonetts im Innern des Traggasraums schlaff und ohne Luftfüllung sein. Beim Start, also in Bodennähe, nehmen die Ballonetts etwa 10 bis 20 % des Gesamtvolumens ein und sind mit Luft gefüllt. Wir haben es hier also mit Luftgewichten in den Ballonetts von ca. 60 Tonnen zu tun, die beim Start und der Landung neben den anderen Massen auch mit beschleunigt bzw. verzögert werden müssen. Bei der jetzigen CL-160-Konfiguration ist die Außenhülle Gashülle und Wetterhülle zugleich.
Diese vorgestellte und alle anderen potenziell möglichen Konstruktionen müssen nun bei einer nicht auszuschließenden harten Landung in der Lage sein, die dynamischen Kräfte aufzufangen.

Letzte Infos der CargoLifter AG zum aktuellen technischen Stand

Auf der ordentlichen Hauptversammlung der CargoLifter AG am 17. März 2001 wurde das nunmehr vierte überarbeitete Design für den CL vorgestellt. Die Abbildungen auf dieser Seite geben im Vergleich die vier Konzeptionen des Projekt von 1996 bis 2001 wieder – bei gleichen Randbedingungen (z.B. Nutzlast 160 t). Weiterhin werden mit der Abbildung 12-25 Möglichkeiten und Perspektiven aus der Sicht des Vorstandes für den antriebslosen CL 75 Air Crane wiedergegeben.

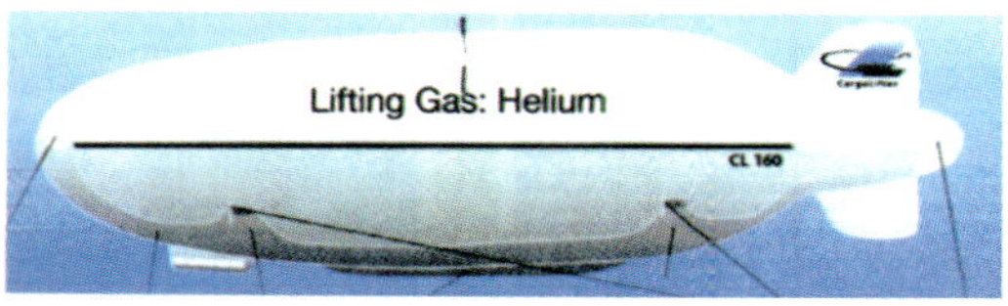

1996
V=350.000 m³
Antrieb: Dieselmotoren mit Propeller => 5200 kW Traggashülle in Zellen unterteilt

Bild 12-24: (links 4 Bilder): Quelle: CargoLifter AG

1997
V=450.000 m³
Traggashülle in Zellen unterteilt

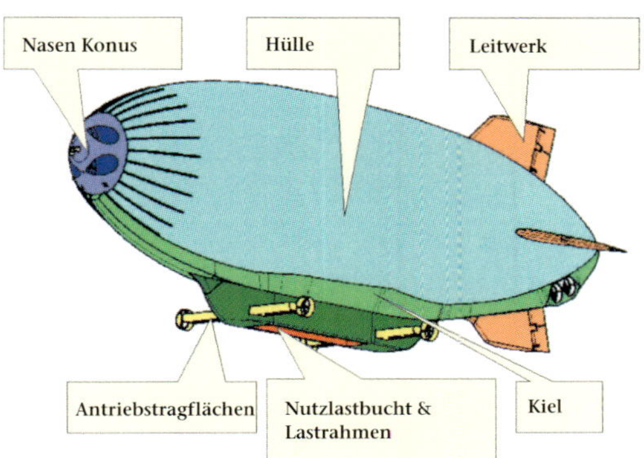

2000
V=550.000 m³
16 Turboschaft-Triebwerke => 32.000 kW
Nur eine He-Traggaszelle

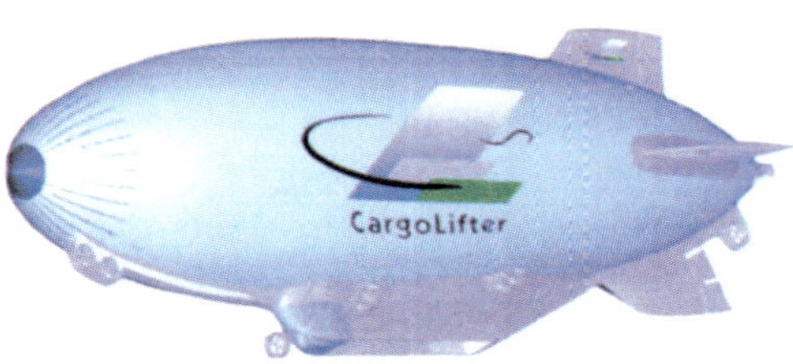

2001
V=550.000 m³
8 Wellenleistungs-Gasturbinen => 16.000 kW
Nur eine He-Traggaszelle
Keine Antriebstragflächen mehr

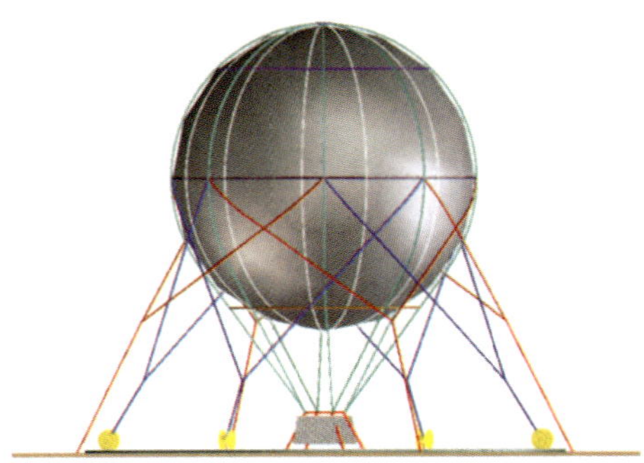

Bild 12-25: CL 75 AirCrane Ballon zum Transport von Lasten bis zu 75 Tonnen Gewicht, Ballondurchmesser 61 m, Volumen 110 000 m³ Foto: CargoLifter AG

13 Ballone und Luftschiffe als Werbeträger

Ballone hier, Luftschiffe da: Die häufige Begegnung im Alltag mit Ballonen und Luftschiffen als Werbeträger ist fast unvermeidbar.

Schon seit jeher benutzt man die Darstellung des Faszinosums Ballon bzw. Luftschiff für die Werbung, z.B. auf Plakaten, auf Gegenständen aller Art, auf Briefmarken und Postkarten (siehe hierzu auch Kap. 10 und 15.1), auch in Zeitungsinseraten haben diese Motive eine lange Tradition. Das heißt mit anderen Worten, Ballone und Luftschiffe sind sehr geeignete Symbole, um Ideen und Produkte zu verkaufen.
Bereits zur Weltausstellung 1873 in Wien machte Wilhelm Busch z.B. mit einem Ballonmotiv-Plakat auf seine Werke aufmerksam. Zur Jahrhundertwende kündigte der Wiener Männergesangverein am 23. Januar 1900 mit dem Plakattitel „Auf ins XX Jahrhundert“, einen musikalischen Narrenabend an. Der Blickfang im Plakat war die Darstellung von Motiven und Visionen zur Luftfahrt im nächsten Jahrhundert.
Man benutzt den Ballon und das Luftschiff zum „Transport von Ideen und Informationen“, um spontan, sozusagen im Fluge, einer großen Menschenmenge seine Produkte zu offerieren. Das Luftschiff „Zeppelin“ war in den zwanziger Jahren bereits Werbeträger für Odol-Mundwasser und Trumpf-Pralinen. Der Versuch eines bekannten Kondom-Herstellers, der Ballonhülle eine gewisse Form zu geben - heute würde man Special Shape sagen -, wurde jedoch von den damaligen Zeppelin-Direktoren abgelehnt... Besonders erfolgreich als Werbeträger waren und sind jedoch die WDL-Blimps, die allsommerlich große Aufmerksamkeit auf sich richten.

Eine weitere Variante hat sich in den letzten 20 Jahren - speziell die Heißluftballone betreffend - entwickelt, nämlich die sogenannten Sonderformen (Special Shapes). Hier schwebt nicht nur der Name oder das Markenzeichen des angepriesenen Produkts in der Luft, sondern die Form des Aerostaten ist identisch mit der des Werbeprodukts.

Bild 13-1:
Wilhelm Busch macht Reklame für seine Geschichten mit dem Ballon als positivem Werbeträger. Plakat anlässlich der Weltausstellung 1873 in Wien.

Bild 13-2:
Der Wiener Männergesangverein lädt zum Jahrhundert-Konzert am 23. Jänner 1900 mit Aerostaten-Motiven ein.

Bild 13-3:
Werbe-Einsätze von WDL-Blimps. Foto: W. Hallmann

Bild 13-4:
GEFA-FLUG-Heißluftschiffe in der Serengeti und am Nordkap

13

Ballon und Luftschiff als Werbeträger heute

Die großen Angriffsflächen von Ballonen und Luftschiffen, die sich im Krieg als hinderlich erwiesen, wurden jetzt einer neuen Nutzung zugeführt. Die Renaissance der Luftschiffe ist u.a. den Interessen der Industrie zu verdanken, denn mit ihren großen Flächen sind sie die idealen Werbeträger. Sie stehen bzw. fahren am Himmel und sind für jedermann ein optischer Fixpunkt. Die Umsätze der Ballon- und Luftschiffbetreiber gehen längst in die Millionen, die Miete für eine Ballonhülle beträgt heute, je nach Anzahl der Aufstiege, einige zehntausend DM pro Jahr – ein gutes Geschäft, denn mittlerweile gibt es sogar Wartelisten für werbewillige Unternehmen. Dennoch – oder gerade deswegen – besteht zwischen den z.Zt. 130 gewerblichen Heißluftballon-Firmen in Deutschland erhebliche Konkurrenz. Üblich sind 1000 DM pro Start bzw. die Kostenübernahme einer neuen Hülle mit Werbeaufschrift durch den Sponsor. Heute stehen Blimps, Heißluft-Luftschiffe, Gas- und Heißluftballone sowie gefesselte Kleinluftschiffe als Werbeträger zur Verfügung.

Hierbei wird aber nicht nur für Konsumprodukte geworben, sondern auch, wie es schon Wilhelm Busch zu seiner Zeit vorführte, für künstlerische, z.B. Uli-Stein-Cartoons wie die „Freche Maus“, 1992 getauft, den „Pinguin“ (Pingi), 1993 getauft und zum schönsten Ballon Europas und zweitschönsten der Welt gewählt, und die „Rockermaus“, 1997 getauft. Die Hülle der „Frechen Maus“ mit ihren 3000 m³ und 600 Flugstunden verabschiedete sich übrigens auf eine ungewöhnliche und ehrenvolle Weise. Sie wurde anlässlich der Taufparty der neuen „Frechen Maus“ mit 3500 m³ am 7. Januar 2001 in Filzmoos/Österreich zum Partyzelt umfunktioniert.

13

Heißluftballone in Sonderformen haben einen besonders hohen Aufmerksamkeitswert. Foto: W. Hallmann

14

Erfinderische und wagemutige Luftfahrer

Nadar und seine Ideen

Nadar (1820-1910), sein bürgerlicher Name war Gaspart Felix Tournachon, war einer der interessantesten Persönlichkeiten im Paris des 19. Jahrhunderts. Er war Konstrukteur, Karikaturist und der berühmteste Fotograf[10] seiner Zeit.

1858 machte Nadar aus einem Gasballon heraus das erste überlieferte Luftbild der Welt. Er versuchte zunächst vergeblich, die in mehreren Ballonfahrten gemachten Aufnahmen anschließend im „Labor" zu entwickeln. Immer und immer wieder waren die entwickelten Bilder schwarz: „Wie kann es möglich sein, dass ich unweigerlich unabänderlich mir eine Reihe von rußschwarzen Platten ohne die leiseste Andeutung eines Bildes erhalte? Woran liegt es, dass ich nicht aus diesen undurchsichtigen, nachtschwarzen Gläsern herauskomme? Ausgeschlossen - ich werde mir nie einreden lassen, dass die Linse nicht wiedergibt, was sie sieht." /28/
So versuchte er mit seinem Piloten Godard einen vierten Aufstieg, seine finanziellen Mittel waren fast erschöpft und seine Willenskraft schwand. Nach erfolgter Landung zeigten die entwickelten Platten wieder keine Landschaftsmotive, sondern nur Schwärze.

Bild 14-1: Nadar in einer Karikatur und auf einem Foto.

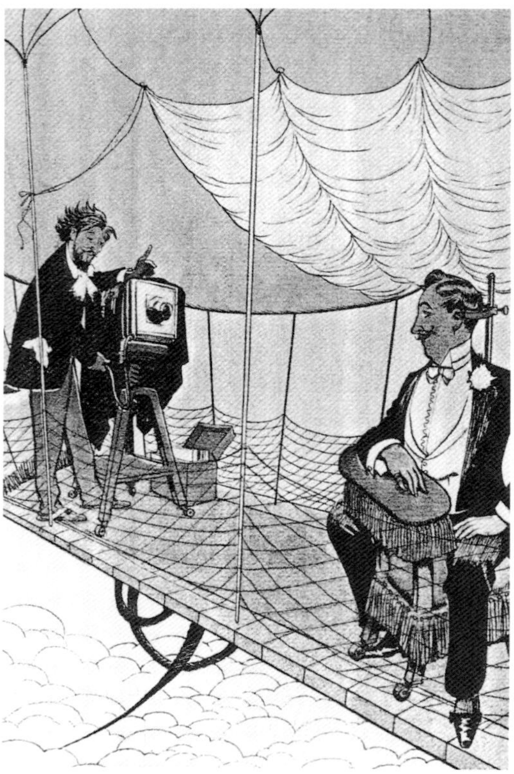

10: Die Anfänge der fotografischen Kunst: Der deutsche Arzt Schütze, der im 18. Jahrhundert lebte, stellte bei gewissen Verbindungen des Silbers, den sog. Silbersalzen, eine Lichtempfindlichkeit derselben fest. 1819 entdeckte Herschel ein gutes Fixiermittel und Wedwood kam auf die Idee, die von einer „Camera-Obscura" erzeugten Bilder zu fotografieren. Niepce stellte dann 1847 Glasplatten her, welche mit einer lichtempfindlichen Mischung überzogen waren. 1851 erfanden Fry und Archer das Collodiumverfahren. Die sog. nassen Verfahren hatten den großen Nachteil, dass sie im Freien oder auf Reisen schwer oder gar nicht anwendbar waren. Quelle: aus „Erfindungen und Entdeckungen", Bd.IV, von Oscar Hoffmann, Leipzig, Seite 628, (F.E. Bilz-Verlag, Leipzig)

Bild 14-2: Spottbild von Honoré Daumier über Nadar, der die Fotografie auf die Höhe der Kunst bringt. Lithographie Mai 1862./28/

Godard war schon dabei, die Ballonhülle zu entleeren, als Nadar einen allerletzten Versuch wagte. Am nächsten Morgen startete er ohne Korb mit unpraller Hülle, um eine letzte Aufnahme zu machen. „Nun erhebe ich mich tatsächlich, vielleicht 80 Meter hoch. Ich öffne und schließe plötzlich den Apparat und rufe ungeduldig: Hinunter! Man zieht mich zu Boden. Mit einem Satz eile ich ins Gasthaus, um herzklopfend meine Platte zu entwickeln. Hurra! Es ist etwas zu sehen! Ich arbeite angespannt weiter. Nach und nach offenbart sich das Bild, sehr unentschlossen, sehr bleich, aber klar und deutlich. Triumphierend verlasse ich mein improvisiertes Laboratorium. Es ist nur ein einfaches Diapositiv, sehr schwach infolge der nebeligen Atmosphäre, voller Flecken nach so vielen Wechselfällen, aber was tut's! Das Bild ist da, das ist nicht zu leugnen. Man erkennt deutlich den Karren auf der Straße, dessen Fuhrmann angesichts des Ballons innehält, und zwischen den Dachziegeln die beiden weißen Tauben, die sich dort niedergelassen haben.

Aber wieso, warum habe ich gerade bei diesem letzten verzweifelten Versuch das Ergebnis erreicht, das mir bisher so erbarmungslos versagt geblieben ist? Da geht mir plötzlich ein Licht auf, und ich habe endlich die Erklärung."

Der scharfsinnige Leser hat vielleicht schon Nadars Problem erkannt. Bei den vorausgegangenen Gasballon-Fahrten blieb am prallgefüllten Ballon das untere Füllventil offen, um beim Aufstieg in die Höhe ein Platzen zu vermeiden. Dabei traten aber Gasschwaden von Schwefelwasserstoff aus und gelangten auf das Jodsilberbad des fotografischen Apparats. Beide Substanzen reagierten miteinander, was zur Überbelichtung der Platte führte. Beim letzten Aufstieg mit der unprallen Hülle war diese Gefahr gebannt. „Da ich nun die Erklärung für mein Mißgeschick in Händen halte, zweifele ich keine Sekunde mehr daran, dass ich dort oben die schönsten Aufnahmen machen kann und den gelehrten Köpfen beweisen werde, dass ich gegen sie recht behalten habe."

Nadar und Godard machten dann während der Schlacht bei Solferino am 24. Juni 1859 die ersten richtiggehenden fotografischen Aufnahmen von einem Fesselballon aus.

Nadar als Techniker, Journalist und Abenteurer

Nadar engagierte sich voller Begeisterung für die Verwirklichung eines „Hubschrauber"-Projekts mit zwei übereinander liegenden Propellern. Im Juli 1863 veröffentlichte er dazu ein „Manifest über die Auto-Lokomotion in der Luft" und gründete die Gesellschaft zur Förderung der Luftfahrt mit Flugapparaten schwerer als Luft.

Bild 14-3:
Geschlossener Weidenkorb des Riesenballons Le Géant mit zwei Ebenen. Der Korb war 2,4 m hoch, 4 m lang und besaß eine Toilette wie auch ein Foto-Entwicklungslabor. Im Bild ist der Korb nach der harten Landung bei Hannover zu sehen. /43/

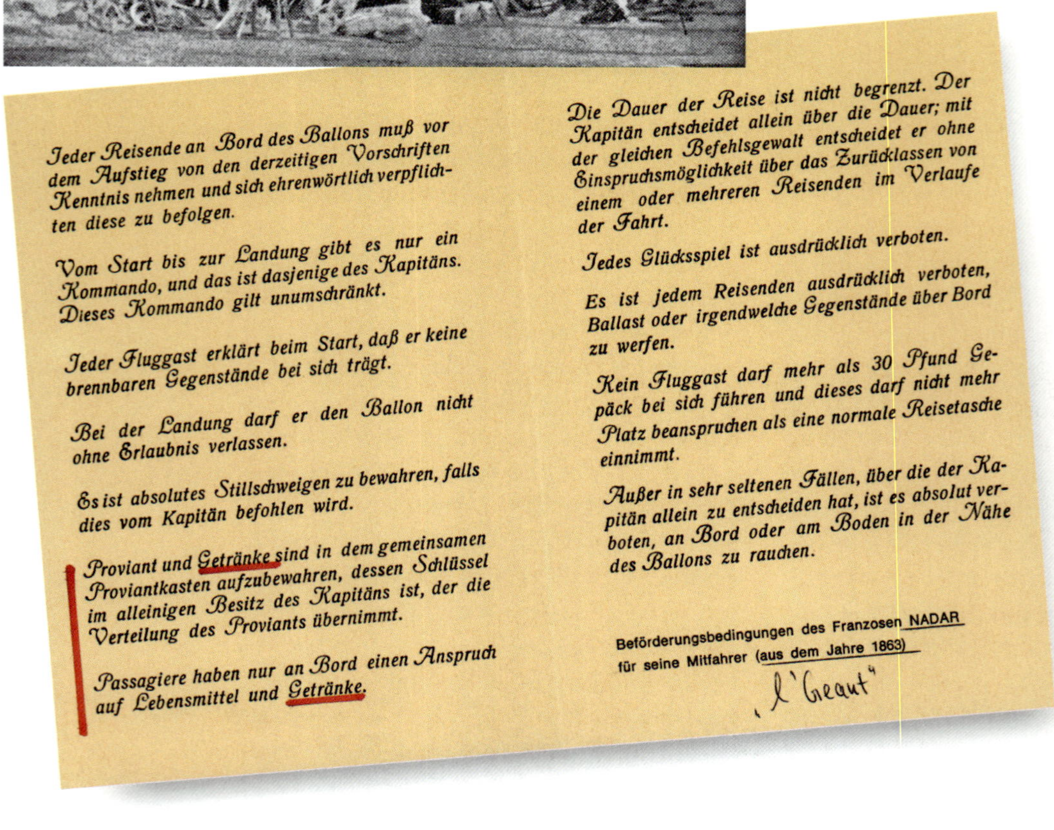

Jeder Reisende an Bord des Ballons muß vor dem Aufstieg von den derzeitigen Vorschriften Kenntnis nehmen und sich ehrenwörtlich verpflichten diese zu befolgen.

Vom Start bis zur Landung gibt es nur ein Kommando, und das ist dasjenige des Kapitäns. Dieses Kommando gilt unumschränkt.

Jeder Fluggast erklärt beim Start, daß er keine brennbaren Gegenstände bei sich trägt.

Bei der Landung darf er den Ballon nicht ohne Erlaubnis verlassen.

Es ist absolutes Stillschweigen zu bewahren, falls dies vom Kapitän befohlen wird.

Proviant und Getränke sind in dem gemeinsamen Proviantkasten aufzubewahren, dessen Schlüssel im alleinigen Besitz des Kapitäns ist, der die Verteilung des Proviants übernimmt.

Passagiere haben nur an Bord einen Anspruch auf Lebensmittel und Getränke.

Die Dauer der Reise ist nicht begrenzt. Der Kapitän entscheidet allein über die Dauer; mit der gleichen Befehlsgewalt entscheidet er ohne Einspruchsmöglichkeit über das Zurücklassen von einem oder mehreren Reisenden im Verlaufe der Fahrt.

Jedes Glücksspiel ist ausdrücklich verboten.

Es ist jedem Reisenden ausdrücklich verboten, Ballast oder irgendwelche Gegenstände über Bord zu werfen.

Kein Fluggast darf mehr als 30 Pfund Gepäck bei sich führen und dieses darf nicht mehr Platz beanspruchen als eine normale Reisetasche einnimmt.

Außer in sehr seltenen Fällen, über die der Kapitän allein zu entscheiden hat, ist es absolut verboten, an Bord oder am Boden in der Nähe des Ballons zu rauchen.

Beförderungsbedingungen des Franzosen NADAR für seine Mitfahrer (aus dem Jahre 1863)

„l'Geant"

Bild 14-4a:
Nadars Beförderungsbedingungen für Ballonfahrer um 1900
Bild-14-4b:
Warm- und Kalthaltekanne für Ballonfahrer um 1900

Um die finanziellen Mittel für die Entwicklung eines Motors aufzubringen und um das Problem der gelenkten Luftfahrt lösen zu können, gab Nadar als Publikumsattraktion einen für die damalige Zeit riesigen Ballon von 6000 m^3 Fassungsvermögen in Auftrag. /43/

Der Ballon wurde von den Gebrüdern Louis und Jules Godard gebaut, er erhielt den Namen Le Géant, der Riese. Er sollte bei öffentlichen Veranstaltungen Geld einspielen. Man kann es allerdings auch anders ausdrücken: Um sein Ziel vom dynamischen Fliegen zu erreichen und finanzieren zu können, bekämpfte Nadar den Ballon mit Hilfe des Ballons.

Zum Freundeskreis von Nadar gehörte auch der Börsenmakler Jules Verne (1828-1905), der eine phantastische Vorstellungskraft und großes technisches Talent hatte. In seiner Phantasie unternahm er Ballonreisen und schrieb diese nieder. So entstand 1863 sein erster utopischer

Bild 14-6:
Die Situation des Riesenballons nach 600 km Fahrt in 16 Stunden und nach schwerer, harter Landung in der Nähe bei Hannover.

Bild 14-5:
Größenvergleich des Riesenballons Le Géant mit seiner Umgebung auf dem Pariser Marsfeld vor dem Abflug am 18. Oktober 1863. /43/

Bild 14-7: Nadars dritte Luftfahrt mit Le Géant am 26. September 1864 von Brüssel aus. Hunderttausend Schaulustige wohnten dem Spektakel bei. Die unfallfreie Landung erfolgte vor der Kanalküste in Ypern (Belgien). Zeichnung von Leo von Elliot. (Quelle: Ilustrirte Zeitung, 22. Oktober 1864)

Humor.

Wissenschaftliche Leidartikel ohne viele Worte.

14-8:
Hier wird gezeigt, wie sich die „schneidige" Landung ohne Reißleine und die „praktische" Landung mit Reißleine dem Zuschauer darstellen.

Roman „Fünf Wochen im Ballon". Er handelt von der Überquerung Afrikas. Jules Verne selbst hat nur einmal eine Ballonfahrt erlebt, 1873 in Amiens mit E. Godard.
Die für den Ballon Le Géant gebaute Gondel sah aus wie ein kleines Haus. Sie bestand aus einem geflochtenen Korb von 2,4 m Höhe und 3,9 m Länge mit zwei Stockwerken, in dem u.a. ein fotografisches Labor und eine Toilette installiert war. Der Korb hatte eine Tür und Fenster. 12 Passagiere fanden darin Platz. Für die zahlenden Passagiere erließ Nadar 1863 seine „Beförderungsrichtlinien". Der erste Aufstieg erfolgte am 8. Oktober 1863 in Paris aus der Mitte einer großen Menschenmenge. Nach kurzer Fahrt landete der Ballon 40 km östlich von Paris.
Am 18. Oktober 1863 startete der Ballon mit 9 Personen im Korb zu seiner bekanntesten Fahrt. Sie ging über 600 km in 16 Stunden, bis in die Nähe von Hannover. Infolge einer Schlechtwetterfront war die Landung jedoch verheerend. Der Korb wurde 12 km über Land geschleift, die meisten Passagiere wurden dabei verletzt.

Bild 14-10a:
Foto der Fahrt von Santos-Dumonts Luftschiff Nr. 6 bei der Wettfahrt am 19. Oktober 1901 um den Eiffelturm.

Bild 14-10b:
Die Fahrtroute von Start und Landung in St. Cloud.

Trotz dieses Debakels unternahm Nadar danach noch weitere Aufstiege mit Le Géant in Brüssel, Lyon, Amsterdam und Paris. Der erhoffte finanzielle Erfolg blieb indes aus.

Die Luftschifffahrt und die Armbanduhr

Was haben wohl die Luftschifffahrt und die Armbanduhr gemeinsam? Die Antwort auf diese Frage lautet: Alberto Santos-Dumont (1873-1932). Dieser bekannte Luftschiffer und Pilot, geboren in Brasilien, baute 22 Fluggeräte, darunter 14 Luftschiffe. Mit seinem lenkbaren Luftschiff Nr. 6, einem 33 m langen Kraftballon (eine zugespitzte längliche Ballonhülle hielt ein darunter frei hängendes Traggerüst, einen starren Längskiel) mit integriertem wassergekühltem Benzinmotor am Korb, gewann er am 19. Oktober 1901 einen vom Petroleumkönig und Luftschiffmäzen Henry Deutsch de la Meurthe ausgeschriebenen Preis. Diesen Preis sollte derjenige gewinnen, der an einem genau vorbestimmten Tag eine gewisse Strecke von Saint-Cloud bis zum Eiffelturm, um diesen herum und zum Startplatz zurück in weniger als einer halben Stunde zurücklegte. Die Entfernung betrug ca. elf Kilometer.

Bild 14-11: Das erste Modell der Armbanduhr Santos aus dem Hause Cartier.

Am Ende der Fahrt glaubte Santos-Dumont die Fahrzeit von unter 30 Minuten erfüllt zu haben, war sich aber nicht sicher, da er gezwungenermaßen beide Hände am Steuerruder benötigte und so seine Taschenuhr nicht benutzen konnte. Es verging einige Zeit, bis der Pulk der Zeitnehmer am Boden (Herren der Aero Club Jury) übereinstimmend die verlangte Mindestzeit bestätigten. Das Preisgeld, in Höhe von 100.000 Franc, verschenkte er zur Hälfte an seinen Leibjournalisten und zur Hälfte an die Armen von Paris zur Auslösung von Pfändern.
Unter den Zuschauern des Wettbewerbs befand sich Louis Cartier, ein Freund von Santos-Dumont. Auch er beobachtete die Ungewissheit von Santos-Dumont. Dies inspirierte den erfinderischen Louis Cartier, für Santos-Dumont eine Armbanduhr zu kreieren. 1904 erhielt Letzterer als Geste der Freundschaft die Einzelanfertigung einer Cartier-Uhr mit dem Namen Santos. Das Design bestand aus einem quadratischen Gehäuse mit römischen Indexen im Zifferblatt und einem Lederarmband. Santos-Dumont trug durch seine Berühmtheit wesentlich dazu bei, dass die Nachfrage nach der Armbanduhr stieg. 1915 wurde das Modell kommerziell von Cartier hergestellt und vertrieben. In den 20-er und 30-er Jahren war die Uhr ein Bestseller, keine wurde erfolgreicher vermarktet.
Im Jahre 1978 erinnerte sich die Firma Cartier an einen Satz von Alberto Santos-Dumont: An die Vergangenheit zu denken, ist vielleicht eines der Mittel, um in die Zukunft zu schauen. Man legte also eine aktualisierte Version der Santos auf und deren erfolgreiche Renaissance trug dazu bei, die Erinnerung an den großen Luftschiffer und Flieger aufrecht zu erhalten. /7/

Ballone als Plattform für Fallschirmaktivitäten

Entwürfe von Fallschirmprojekten, in denen der Luftwiderstand für das sanfte Fallen eines „Gegenstandes" aus großen Höhen mit Hilfsvorrichtungen ausgenutzt wird, gehen u.a. auf

Leonardo da Vincis (1452-1519) Ideen zurück, sieht man von den Erzählungen und Phantastereien von fliegenden Wesen auf rauchenden Säcken des Altertums ab.
Mit dem Erscheinen von Ballonen am Himmel, wurde auch die Verwirklichung des freien Fluges aus großen Höhen für Menschen machbar. Die Ballone dienten als Höhenlifte und Plattformen, von denen man sich mit entsprechenden Luftschirmen, Fallschirme genannt, in die Tiefe fallen lassen konnte. Der erste Fallschirmspringer war der Franzose Jacques Garnerin, der am 22. Oktober 1797 mit einem frei fliegenden Ballon auf etwa 700 m (!) aufstieg und seinen Fallschirm, an dem er hing, vom Ballonkorb abtrennte. Es war vom Springer beabsichtigt, dass der Ballon nach dem Abtrennen explodierte, um den Schaueffekt für die Zuschauer und die Bewunderung für Jacques Garnerin zu steigern.

Manche, die es im Laufe der Zeit wagten, dieses gefährliche Experiment zu unternehmen, bezahlten mit ihrem Leben. So erlitt zum Beispiel der Engländer Cocking, der 1837 aus einer Höhe von 1500 m mit einem Fallschirm von einem Ballon absprang, einen tödlichen Unfall. Sein Fallschirm war kegelförmig mit nach unten gerichteter Spitze, ähnlich einem flachen umgeklappten Regenschirm, und offensichtlich eine Fehlkonstruktion. Mit dem toten Cocking wurde noch ein makabres Nachspiel getrieben. Ein in der Nähe der Unfallstelle wohnender Wirt brachte die Leiche und die Überreste des Fallschirms in sein Haus, erhob Eintrittsgeld und machte mit den zahlreich zuströmenden Neugierigen ein gutes Geschäft ...
Der Absprung von Ballonen bei Veranstaltungen ist bis in die heutige Zeit

Bilder 14-12 und 14-13: Zeitgenössische Karikaturen – Santos-Dumont als Libelle und Luftschiffer

eine Attraktion geblieben. Heute sind es neben den Fallschirmspringern vor allem die Gleiter und Drachenflieger, die den Heißluftballon als Plattform wählen. Auch Bertrand Piccard, der gemeinsam mit Brian Jones im März 1999 die Welt mit seinem Ballon Orbiter 3 umfahren hat, knüpfte seine ersten Kontakte mit Ballonen als Drachenflugshow-Spezialist, bevor er Ballonfahrer wurde.

Einige Illustrationen geben beispielhaft einen Eindruck von den Entwicklungsphasen der Fallschirme wieder.

Das Bild 14-15 zeigt den amerikanischen Akrobaten und Fallschirmspringer Thomas Sackett Baldwin in drei verschiedenen Phasen: Erstens beim Aufstieg in einem korblosen Gasballon, zweitens bei der Loslösung des sackähnlichen Fallschirms vom Ballon und drittens beim Freiflug des geöffneten Fallschirms mit dem daran hängenden Baldwin. Die Darstellung erschien als Holzstich am 25. August 1888 in der Illustrirten Zeitung. Ein früherer Holzstich von Baldwin entstand bereits um 1880, wo er mit einem Fallballon zur Landung ansetzt.

Nach Berichten von Augenzeugen, war der Sinkvorgang des Fallschirmspringers mit starken Pendelschwingungen verbunden. Kritiker bemerkten bereits 1880, dass bei einer anderen Konstruktion des „Apparates“ Letztere gemildert und gänzlich vermieden werden könnten. Sie verwiesen auf die Lorenz Hengler-Fallschirmkonstruktion von 1832, deren Vorteile in „Dinglers“ Polytechnischem Journal beschrieben werden.

Das Bild 14-17 stammt aus der Zeit um 1889 und zeigt den französischen Luftschiffer Leroux während des Aufstiegs im Korb und im anschließenden Freiflug als Fallschirmspringer.

Im Kapitel 5 wurde bereits auf den deutschen Luftschiffer und Fallschirmspringer H. Lattemann und seine Verlobte Käthe Paulus hingewiesen, die auch Sprünge mittels eines Doppel-

Bilder 14-14: Die „Aviatischen Engel“ in einer Karikatur von Mich, angeführt von Santos-Dumont.

Bild 14-15:
Die drei Phasen des Ballonabsprungs von Thomas Baldwin über London. (Quelle: Illustrirte Zeitung, 25. August 1888)

Bild 14-16:
Baldwin als „Springer" mit Freiballon. Holzstich nach C.G. Rodeck.

fallschirms unternahm. Das Wesen des Doppelfallschirms besteht darin, dass zwei Fallschirme zusammengerollt untereinander an einer am Ballon befestigten Trapezstange hängen. Der obere Fallschirm löst sich beim Absprung von selbst vom Ballon und entfaltet sich, während der zweite Fallschirm erst dann in Tätigkeit tritt, wenn der Fall ruhiger geworden ist. Als sie 1912 ihre Luftaktivitäten beendete, konnte sie auf 516 Ballonfahrten und 147 Fallschirmabsprünge, davon 65 mit Doppelfallschirmen zurückblicken. Ihr gebührt u.a. der Verdienst, als Erste einen zweckmäßigen Verpackungssack für den Fallschirm entwickelt zu haben, der im verpackten Zustand im Allgemeinen an einem Ausleger an dem Korbring hing. /56/

Der Fallschirm war aber nicht nur Hilfsmittel zur Vorführung akrobatischer Kunststücke, sondern wurde auch als Rettungsmittel verwendet. So konnten sich z.B. im ersten Weltkrieg viele Beobachter an der Front aus ihren abgeschossenen Ballonen nur noch mit dem Käthe-Paulus-Fallschirm retten. Auch in den Luftschiffen von Zeppelin und Schütte-Lanz wurden Rettungsgeräte mitgeführt, z.B. der Schmittner-Fallschirm. Diese bewährten sich auch als Lasten-Fallschirme für den Postabwurf.

Mit dem Aufkommen der Flugzeuge suchten auch deren Piloten verstärkt nach einem Rettungsring der Luft. 1912 sprang Albert Berry mit einem Fallschirm aus einem Doppeldecker über St. Louis in Missouri ab. Ideen, Flugzeuge durch das Anbringen eines Fallschims bei Unglücksfällen zu sichern, wurden zunächst als unsinnig betrachtet und nicht weiter diskutiert. Diese kamen aber später - wie man weiß - doch zur Ausführung.
Selbst in den letzten Jahren (1994-2000) sind in akademischen Forschungsvorhaben noch umfangreiche Untersuchungen mit Fallschirmen zur Rettung von Segelflugzeugen in Notsituationen durchgeführt worden. /57/ /58/

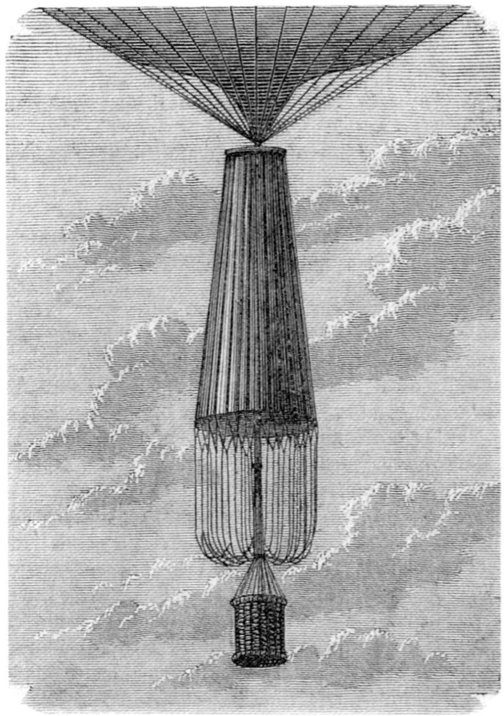

Bild 14-18:
Im Bild ist eine andere Befestigungstechnik des Fallschirms zu sehen, nämlich direkt unter dem Füllansatz der Gasballon-Hülle (oben).
Der Korb ist hierbei Teil des Fallschirms. (unten)

Bild 14-17:
Der Fallschirm des Luftspringers Leroux, Holzstich von E. Hosang um 1889.

Bild 14-19: Fräulein Käthe Paulus vor einem Absprung mit einem doppelten Fallschirm. (Quelle: Illustrirte Aeronautische Mitteilungen, Oktober 1904)

Bild 14-20:
Ballonkorb-Fallschirm nach Schmittner in zylindrischer Verpackung. /56/

Bild 14-21:
Werbeanzeige von 1919, erschienen in der Luftpost, Heft 14, 6. April 1919.

Bild 14-23:
Karikatur: Louis Godard am Fallschirm (1852)

Bild 14-24:
Karikatur: Minister Rob, „Des Finanzministers glatter Absturz" (aus „Punch" 1852)

Bild 14-22:
Ein Schelm, der sich dabei Böses denkt.

Bild 14-25:
Der Pokal für das Gewinnerteam der Gordon-Bennett-Wettfahrt. Sieger ist, wer die weiteste Strecke (Luftlinie) zwischen Start- und Landeplatz zurückgelegt hat.

Gordon-Bennett-Wettfahrten

Das bedeutendste Gasballon-Rennen der Erde ist bis heute die Gordon-Bennett-Wettfahrt. James Gordon Bennett, Herausgeber der Zeitung „New York Herald", förderte zu Beginn des 20. Jahrhunderts viele Sportarten und finanzierte Expeditionen. 1906 stiftete er unter anderem einen Pokal für den Sieger einer Gasballon-Wettfahrt. Diese Trophäe hatte seinerzeit einen Wert von 10.000 RM.
Zusätzlich erhielten die drei erstplatzierten Ballonfahrer ein Preisgeld von ebenfalls 10.000 RM. Gordon Bennett ist übrigens nie selbst mit einem Ballon gefahren – der Korb war ihm einfach zu eng...

1983 erfolgte die Wiederbelebung dieser alten Tradition mit der ersten offiziellen Gordon-Bennett-Wettfahrt der Neuzeit. Sie ist heute – fast mehr denn je – ein exklusives Vergnügen für die wenigen aktiven Gasballonfahrer und über-dies eine besondere Herausforderung, denn die Fahrtzeiten der Gasballone sind erheblich länger als die der weit verbreiteteren Heißluftballone./29/ Das heutige Preisgeld freilich hat sich auf Null reduziert.
Im September 2000 fand das Luftrennen zum insgesamt 44. Mal statt und wie schon 1995 und 1996 hießen die Sieger Wilhelm Eimers und Bernd Landsmann, Deutschland. Mit ihrem Columbus IV, einem mit 1000 m^3 Wasserstoff gefüllten netzlosen Gasballon der Ballonbau Wörner GmbH, fuhren sie in 70 Stunden 1625 km weit über sieben europäische Länder. Von den 17 Ballonen, die am 9. September 2000 in den Abendstunden von Saint-Hubert in Belgien bei optimalen Bedingungen gestartet waren, legten sie mit 797 km die längste Luftlinie zurück. Beim Aufstieg hatten sie neben einer umfangreichen Ausrüstung noch 58 Sandsäcke à 10 kg Ballast an Bord, nach der Landung in der Nähe von Malmö, Schweden, waren davon nur noch zwei übrig geblieben. Der Fahrtverlauf war be-

dingt durch geringe Geschwindigkeit, große Fahrthöhe und hohe Temperaturen sehr hart. Um einen Eindruck von der Abenteuerlichkeit und den erheblichen Belastungen zu vermitteln, die auf die Besatzungen einwirken, folgen nun einige Passagen aus dem Fahrtbericht des letzten Siegers Wilhelm Eimers:

„Zwei Stunden nach dem Start hörten wir von dem ersten Ballon, dass sie kurz vor Luxemburg waren. Kurzentschlossen gaben wir 6 Sack Ballast raus und stiegen auf 5000 ft. Hier fanden wir mit 17 km/h unseren Westwind. Am frühen Morgen fuhren wir am Rande von Luxemburg und sahen bei Sonnenaufgang 8 weitere Ballone. Alle waren also nicht schnell nach Osten gefahren. Der Wind drehte wieder auf Süd und im Laufe des ersten Tages auf Ost. Wir waren im Hochdruckgebiet gefangen und fuhren mit ekligen 7 km/h nach Westen. Dazu herrschten in 1800 m 38°C. Kein Vergnügen, zumal sehr starke Inversionsschichten eine Dunstglocke zum Boden bildeten und die Sichten einschränkten...
Kurz vor Sonnenuntergang überfuhren wir die französische Stadt Chalons-en-Champagne und bereiteten alles für die zweite Nacht vor. Eine Entscheidung, die für die nächsten 8 Stunden verbindlich ist, denn nachts kann ein Ballon nicht sicher landen. Trotz Mond, Nachtsichtgerät und einem 150 Watt starken Landescheinwerfer ist eine Landung bei Nacht ein Risiko, und das muss nicht sein. Eine Stunde war es nun dunkel, da drehte der Wind weiter auf West und um Mitternacht fuhren wir südöstlich von Paris auf die Stadt zu...

Die Drift veränderte sich im Laufe des Vormittags weiter auf NNW, was bedeutete, dass die Fahrt an der Atlantikküste am frühen Abend zu Ende ist oder der Sprung über den 110 km breiten Ärmelkanal weiter nach Großbritannien führt...

Um 16:00 Uhr stand fest, wir wollen nach England. Noch hatten wir 30 Sack Ballast - genug für 2 Tage. Bei Le Treport überfuhren wir die französische Küste in 345° und mit 22 km/h in 200 m Fahrthöhe. Bis England hatten wir 113 km Wasser zu überfahren. Das muss doch zu schaffen sein...

Nach 3 Stunden Seefahrt mussten wir feststellen, dass England nicht sicher erreichbar war. Es gab nur eine Möglichkeit, hoch hinaus und versuchen,

Bild 14-26: Startvorbereitung von 17 Ballonen in Saint Hubert, Belgien, zur 44. Gordon Bennett-Weltmeisterschaft 2000.

Holland, Dänemark oder Norwegen zu erreichen. Mit dem GPS ist eine mögliche Erreichbarkeit schnell ermittelt. Norwegen war 850 km entfernt, Dänemark 660 km und die Niederlande 325 km...

Das wird eine lange Fahrt über Wasser, das war uns klar...

Nach 21 Stunden Seefahrt erreichten wir bei St. Peter Ording wieder Festland. Lange sollte die nächste Wasserüberquerung nicht auf sich warten lassen. Über Schleswig-Holstein ging es mit 72° und 63 km/h glatt nach Dänemark von einer Insel zur nächsten...
Wir hatten ein Ziel und das war Schweden. Damit wir dieses Ziel auch erreichten, mussten wir weiter mit hoher Geschwindigkeit fahren. Die gab es nur in großer Höhe. Mit 80 km/h in 4200 m hatten wir unsere maximale Geschwindigkeit erreicht. Die Wolken wurden dunkler, die Stimmung im Korb schlechter und als Kopenhagen 50 km hinter uns ein CB meldete, waren wir fast zur Landung entschlossen. Vor uns war jedoch gutes Wetter und so fassten wir den nicht leichten Entschluss, die 80 km übers Wasser nach Schweden zu wagen...

Endlich, Schweden war erreicht. 4 km in das Land, denn unten ging es um 180° zurück zur See und dann schnell herunter. Aber der Ballon wollte nicht nach unten. Die Kopenhagener Schlechtwetterzelle brachte Aufwinde und so musste ich den Ballon zwingen. Das darf man eigentlich nicht, aber was für Möglichkeiten blieben uns? Starke Ventilzüge ließen den Fall auf 5 m/s ansteigen. Ballast für eine Landung war vorhanden, diese Landung musste passen...

...vor uns lag ein riesengroßer Steinbruch. Da wollten wir nicht hinein. Vor dem Steinbruch lagen große Wiesen – super, wenn das passt. Es passte nicht. Mit ca. 4 m/s landeten wir 5 m hinter dem Zaun auf der ersten Terrasse. Unser Bremsballast, sonst geübte Technik, hatte versagt. Das Schlepptau und die 20 kg schwere Rettungsinsel hingen nur 20 m unter dem Korb. Das 50-m-Seil hatte sich in der Landehektik verheddert. Es reichte nicht aus, um den Fall von 4,5 m/s abzufangen...

Der Aufschlag war hart, sehr hart. Der 40 km/h schnelle Bodenwind zog uns eine Terrasse weiter. Das war nicht schön, aber dennoch: Ende gut - alles gut."

Bild 14-27:
Startvorbereitung von 23 Ballonen am 11. Oktober 1908 in Berlin (Schmargendorf) zur dritten Gordon-Bennett-Wettfahrt. Sieger wurden die Schweizer Schaeck/Messner, mit einer Distanz von 1190 km in 73 Stunden.

15

Ballon- und Luftschiffmotive als Kleinkunst

Briefmarken mit Ballon- und Luftschiffmotiven

Seitdem Ballone und Luftschiffe in den Gedanken und Träumen der Menschen existieren, haben sich Künstler mit ihnen beschäftigt. Vor allem für die Maler und Zeichner waren und sind sie beliebte Motive. Sie haben mit ihren anschaulichen, phantasievollen, kritischen und humoristischen Werken dafür gesorgt, die Faszination für Ballone und Luftschiffe in der ganzen Welt zu verbreiten und zu erhalten. Die Anzahl und Vielfalt dieser Bilder und Karikaturen ist groß. In den vorangegangenen Kapiteln wurden bereits einige gezeigt. Dieses Kapitel widmet sich ausschließlich diesem Thema. Es kann auch hier nur ein kleiner Ausschnitt gezeigt werden, der jedoch dem Leser einen vergnüglichen Ausklang bietet. Hierbei lohnt es sich diese Darstellungen mit Muße zu betrachten, da viele Einzelheiten und Zusammenhänge erst auf den zweiten Blick erkennbar werden.

Tafel 1: Sortiment aus einer Vielzahl von Briefmarken mit Ballonmotiven, die heute gesammelt werden bzw. noch als offizielle „Zahlungsmittel" Gültigkeit besitzen. Aus ihnen geht die Entwicklung der geometrischen Formen und das unterschiedliche Design von Ballonen in anschaulicher Weise hervor.

Tafel 2: Man erkennt die verschiedenen Luftschiff-Hüllengeometrien, die Befestigung der Gondeln (auch bereits als Langstrukturen anzusehen) sowie die Antriebsarten, die von den Anfängen der Aerostatik an beispielhaft dargestellt wurden. Der Versuch, die Luftschiffe mittels Antrieb steuerbar zu machen, war das oberste Ziel der Luftschiffentwicklung. Einige Meilensteine dieser Entwicklung - auch vom Prallen zum Halbstarren - sind nachfolgend dargestellt.

(Von links oben nach unten: => Meusnier 1784; Testu-Brissy mit Pferdeantrieb 1788; Giffard 1852; Haenlein 1872; Wölfert 1896; => Tissandier 1883; Schwarz 1897; Santos-Dumont 1901; dito 1903; Lebaudy 1903; => dito 1910; Kielluftschiff 1908; Baldwin 1908; Parseval 1912)

Tafel 3: Einige Motivmarken von Zeppelinluftschiffen in der Reihenfolge der Bauzeit zeigen anschaulich den jeweiligen Entwicklungsstand z.B. der Hüllengeometrie. Die anfängliche zylindrische Langversion passt sich mehr und mehr der aerodynamisch günstigeren bekannten sog. typischen Zeppelinform an.

(Von links oben nach unten:
=> LZ 1 (2. Juli 1900); LZ 4 (1908); LZ 10 (1911); LZ 11 (1913); => LZ 120 (1919); LZ 127 (1928); LZ 130 (1938))

Tafel 4: Einige Motivmarken des Luftschiffes LZ 127 „Graf Zeppelin", die hier wiedergegeben werden, erinnern an die großen Reisen. Sie wurden anlässlich des 75. Jahrestages des ersten Zeppelin-Aufstiegs in verschiedenen Wertungen (40; 50; 50; 75; 100 und 300 Fmg) herausgebracht. Die Marke mit 200 Fmg stellt das Luftschiff LZ 130, die „Hindenburg", dar.

(Von rechts nach links:
=> Tokio 1929; Südamerika 1930; => Amerikafahrt 1929; Ägyptenfahrt 1931 => Olympiafahrt 1936; Englandfahrt 1931)

30c
RWANDA
40f
MAGYAR POSTA
1745
J.E. MONTGOLFIER
1799
1740
J.M. MONTGOLFIER
1810
LÉGIPOSTA
50c
BLANCHARD
RWANDA
200th Anniversary
1982
1783
1983
of the first manned balloon flight
40
조선우표
DPR Korea
전
100
DEUTSCHLAND
KINDERMARKE
FÜR UNS KINDER
Explorer II 1935
USA
20c
DEUTSCHE BUNDESPOST
100
TAG DER BRIEFMARKE
F. Godard 1850
POLSKA

Tafel 1

15

CUBA CORREOS 1991 5
ESPAMER'91
75th ANNIVERSARY of the ZEPPELIN
1883 Tissandier brothers dirigible
5c
LIBERIA
200°
Việt Nam
1983
1783 1983
30
DPR Korea
60f
MAGYAR POSTA
1850
SCHWARZ DAVID
1897
LIBERIA
40c
1908 Nulli Secundus II
CUBA CORREOS 1991 10
ESPAMER'91
1Ft
MAGYAR POSTA
1873
ALBERTO SANTOS-DUMONT
1932
LIBERIA
75th ANNIVERSARY of the ZEPPELIN
1908 Baldwin's airship
3c
CUBA CORREOS 1991 20
ESPAMER'91
LIBERIA
75th ANNIVERSARY of the ZEPPELIN
1903 Baladeuse by Santos-Dumont
2c
LIBERIA
25c
75th ANNIVERSARY of the ZEPPELIN
1912 The Parseval PL-VII
CUBA CORREOS 1991 30
ESPAMER'91
S. TOMÉ E PRINCIPE
• 200 • NĂM CHUYẾN BAY KHINH KHÍ CẦU ĐẦU TIÊN
VIỆT-NAM

Tafel 2

LZ 1

LZ 4

LZ 120

LZ 27

LZ 130

LZ 10

LZ 11

Tafel 3

15

75EME ANNIVERSAIRE DES ZEPPELIN
FIRST ROUND THE WORLD FLIGHT by GRAF ZEPPELIN
POSTES 40 Fmg
REPOBLIKA MALAGASY
75EME ANNIVERSAIRE DES ZEPPELIN
LUFTSCHIFF GRAF ZEPPELIN SÜDAMERIKAFAHRT 1930
POSTES 50 Fmg
REPOBLIKA MALAGASY
75EME ANNIVERSAIRE DES ZEPPELIN
LUFTSCHIFF GRAF ZEPPELIN AMERIKAFAHRT 1928
POSTES 75 Fmg
REPOBLIKA MALAGASY
75EME ANNIVERSAIRE DES ZEPPELIN
LUFTSCHIFF GRAF ZEPPELIN ÄGYPTENFAHRT 1931
POSTES 100 Fmg
REPOBLIKA MALAGASY
75EME ANNIVERSAIRE DES ZEPPELIN
LUFTSCHIFF HINDENBURG OLYMPIAFAHRT 1936
POSTE AERIENNE 200 Fmg
REPOBLIKA MALAGASY
75EME ANNIVERSAIRE DES ZEPPELIN
LUFTSCHIFF GRAF ZEPPELIN ENGLANDFAHRT 1931
POSTE AERIENNE 300 Fmg
REPOBLIKA MALAGASY

Tafel 4

15

Postkarten mit Ballon- und Luftschiffmotiven

Wir sind heute in der glücklichen Lage, die „Eroberung der Luft“, so wie sie unsere Väter und Großväter erlebt haben, anhand der Abbildungen auf Ansichtskarten nachzuvollziehen. Sie vermitteln in weit besserem Maße den Zeitgeist dieser frühen Epoche, als dies ein Foto tun könnte.

Wie Städte mit Luftschiffen und Ballonen werben!

Bad Neuenahr

New York

Bild 15-1: Wie Luftreisende ihre Briefe versenden...

15

Hasselt

Gent

Maastricht

Humoristische Postkartenmotive

Glückwunschkarten
Stellvertretend für die vielen Glückwunschkarten aller Art, sollen hier die Postkarte des Weltpostvereins mit den Kindern im Ballonkorb vom 18. Februar 1905 und die Geburtstagskarte mit dem Zeppelin LZ 4 vom Dezember 1911 stehen. Aber auch moderne Grußkarten zeigen Ballonmotive, wie etwa von Uli Stein.

15

15

Phantasievolle und kuriose Darstellungen

Bild 15-2: Phantastisches Luftballon-Projekt zur Überführung französischer Truppen nach England (zeitgenössische Karikatur von 1802).

15

Ballon- und Luftschiffbahnhöfe und Haltepunkte

Um gefährliche Situationen für Luftschiffer zu vermeiden, befasste man sich schon sehr früh mit der Idee von Luftschiffhäfen und Bahnhöfen. Erste Darstellungen gehen auf das Jahr 1843 zurück. Angeregt durch die Romane von Jules Verne und die Luftfahrten berühmter Luftschiffer (Nadar, Tissandier, Santos-Dumont u.a.) wuchs die Phantasie der Menschen vor und nach der Jahrhundertwende (1880-1910). Der Zeichner Albert Rabida (1808-1926) zeichnete im Jahr 1883 eine Serie technischer Utopien. Darunter auch mögliche Haltestellen und Bahnhöfe für Luftschiffe. So war z.B. der Kirchturm von Notre Dame in Paris als ein solcher Verkehrsknotenpunkt vorgesehen.

1875 zeichnete Louis Gugenheim seine Vorstellung als Zukunftsbild des 20. Jahrhunderts, darunter die Abfahrtshalle und eine Droschkenstation für Luftschiffe. Natürlich musste auch in der Luft für Ordnung gesorgt werden. Es war naheliegend, damit die „Luftpolizei" zu beauftragen. In der holländischen „Volkszeitung" De Prins (Der geillustrerde Bladen vom 26. Dezember 1908, S. 304) wird das Anlegen eines steuerbaren Luftschiffes an einem Balkon anlässlich eines Weihnachtsbesuches in einem Gebäude dargestellt. Der Ein- oder Aussteigevorgang wird von einer starken Lichtquelle beleuchtet. Ob es sich um ein Luftschiff von Santos-Dumont handelt, ist nicht zu klären. Das Bild stammt aus der Feder von v. Leer.

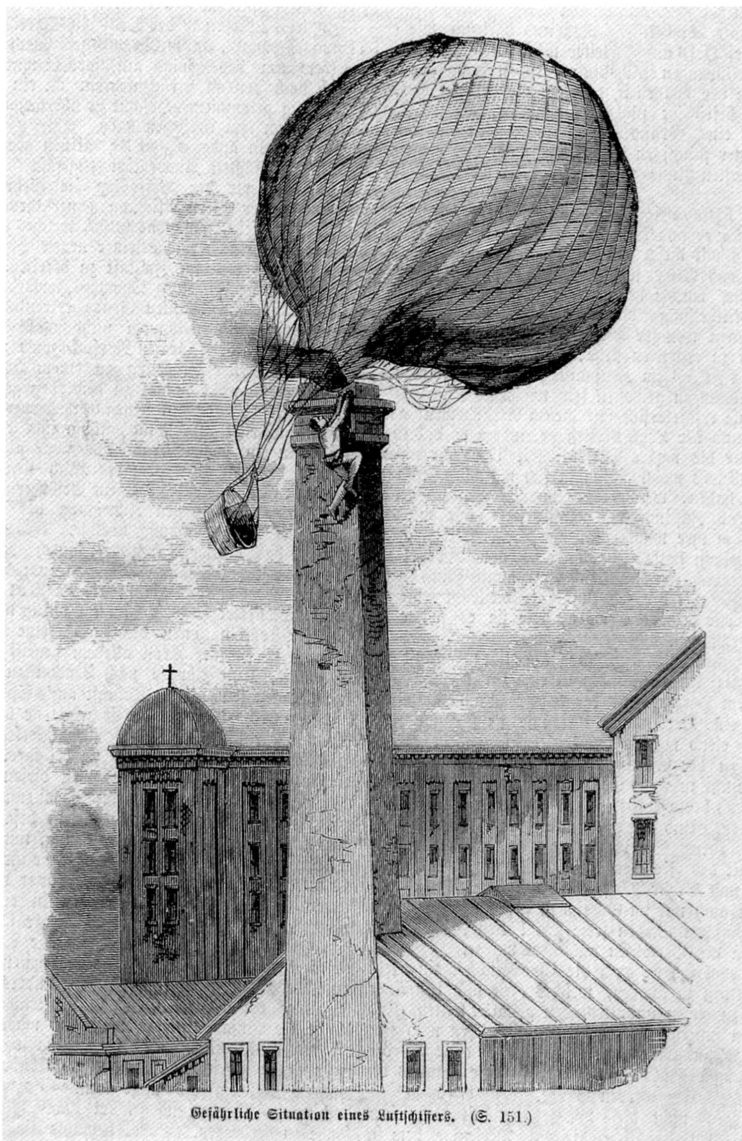

Bild 15-3: Gefahren der Ballonfahrt

Bild 15-4: Frühe phantasievolle Darstellung eines „Luftschiffhafens“ um 1843. (Quelle: Deutsches Familienbuch, Bd.1)

15

Bild 15-5: Luftschiffbahnhof bei Saint-Jacques, Herausgeber Georges Decaux

Bild 15-7:
Gut beleuchteter Ein- und Aussteigevorgang bei einem Weihnachtsbesuch per Luftschiff. Ein Bild von v. Leer, 1908

Bild 15-6: Louis Gugenheims Vorstellung von einer Abfahrtshalle samt Droschkenstation für Luftschiffe des 20. Jahrhunderts. Zeichnung von 1875.

Bild 15-9:
Ein Königreich für einen Ballon.
Um 10:30 Uhr findet der letzte Aufstieg statt.

Bild 15-8:
Man trinkt ein letztes Glas
vor der Reise.

Politische Karikaturen

Der Ballon und das Luftschiff waren und sind Symbole, die Ängste und Freiheit ausdrücken und Macht demonstrieren können. Vor allem in vergangenen Zeiten werden sie für politische Auseinandersetzungen, für internationale und nationale Konflikte instrumentalisiert. Die witzigen und provokanten Bildsatiren lüften aber auch ein wenig den Schleier vor den wahren Hintergründen des Dargestellten.

Bild 15-19: 1863/64 in Europa - Die ungeliebten Herrscher werden vom Land aufgesammelt, um sie anschließend ins Meer zu werfen. (Quelle: Verlag von Jean-Paul, F.E. Richter)

Bild 15-20: 1867- „Beziehung“ zwischen Frankreich und Preußen.
(Quelle: Wespen - satirisch-humoristisches Stichblatt, Verlag von Otto Meißner, Hamburg)

Bild 15-21: 1875 - Frankreich: Die Redakteure suchen den unabhängigen Ausweg, um der Belagerung zu entkommen.

Bild 15-22:
„Beziehung" zwischen Schweiz und Marokko.
„Gefl. rasch Ordnung und Satisfaktion, ihr Herren Araber, sonst entsendet die Schweiz zur Wahrung ihrer Interessen die längst im Geheimen parat gehaltenen Luftpanzer. Das wird genügen."
(Quelle: Nebelspalter, vom 26. März 1898)

Bild 15-23: Feuerspeiende Berge in der Schweiz, (Spottbild aus „Nebelspalter", vom 16. September 1909, /49/)

Englands Sorge

(Zeichnung von E. Thöny)

„'n Tag, Herr Kamerad, mal 'n bißchen zusammen nach London gondeln?"

Bild 15-24: Englands Sorge: „'n Tag, Herr Kamerad, mal'n bißchen zusammen nach London gondeln?"

Bild 15-25: LZ 4 bei der Zwischenlandung in Echterdingen

Die Volkspende für Zeppelin und wie es dazu kam

Das katastrophale Unglück von LZ 4 im August 1908 brachte in der deutschen Bevölkerung eine ungeheure Spendenwilligkeit für die Sache des Grafen Zeppelin hervor. Hier ein zeitgenössischer Bericht samt spöttischer Karikaturen des Simplicissimus. „Um sechs Uhr 23 Minuten, also am frühen Morgen des 5. August (1908), glitt das Fahrzeug über der schwäbischen Hauptstadt, in der Zeppelin lange Jahre die Idee seines Luftschiffs ausgearbeitet hatte, dahin. Wenige Minuten später mußte der Graf sein Fahrzeug bei Echterdingen landen lassen, weil sich wieder ein Schaden an einer Maschine gezeigt hatte. Im Laufe des Tages zogen Tausende von Menschen nach dem Echterdinger Feld hinaus, um den Luftkreuzer in der Nähe anzusehen. Nachmittags gegen drei Uhr trat ganz unerwartet ein heftiger Gewittersturm auf, riß das ungeschützt auf freiem Feld verankerte Luftschiff los und führte es mit in die Luft. In Folge der elektrischen Entladungen des Gewitters entstanden Funkenbildungen, die das stolze Fahrzeug wenige Augenblicke später hoch in der Luft in Flammen aufgehen ließen. Nur das Aluminiumgerippe stürzte zur Erde herab. Die Ballonhüllen, die Stoffüberzüge des Luftschiffs und seiner Steuerflächen waren verbrannt!
Ein selten schweres Mißgeschick verfolgte den Grafen. Aber jetzt stand Deutschland, wie ein Mann entschlossen, dem Grafen helfend zur Seite. Schon am Abend des Unglückstages von Echterdingen, also wenige Stunden nach dem Unfall, waren in Deutschland eine Million dreihunderttausend Mark von Bürgern zur Erbauung eines neuen Luftschiffs dem Grafen zur Verfügung gestellt. Eine solch einmütige Begeisterung hat das neue Deutsche Reich noch nie erlebt. Insgesamt wurden in wenigen Monaten 6.096.555 Mark für den Grafen Zeppelin aus freiwilligen Beiträgen gesammelt."/61/

Bild 15-26: Das Gerippe des LZ 4 nach der Katastrophe von 1908

München, 31. August 1908 — 13. Jahrgang No. 22

SIMPLICISSIMUS

Abonnement vierteljährlich 3 Mk. 60 Pfg. — Herausgeber: Albert Langen — In Oesterreich-Ungarn vierteljährl. K. 4.40

(Alle Rechte vorbehalten)

Die Volksspende für Zeppelin (Zeichnung von O. Gulbransson)

„Wir können dem alten Herrn nicht so viel Geld in der Hand lassen. Wir wollen es ihm nach und nach geben, sonst übernimmt er sich."

Bild 15-27: „Wir können dem alten Herrn nicht soviel Geld in der Hand lassen. Wir wollen es ihm nach und nach geben, sonst übernimmt er sich."
(Simplicissimus vom 31. August 1908, Zeichnung von Olaf Gulbransson)

München, 24. August 1908

13. Jahrgang No. 21

SIMPLICISSIMUS

Abonnement vierteljährlich 3 Mk. 60 Pfg.

Herausgeber: Albert Langen

In Oesterreich-Ungarn vierteljährl. K 4.40

(Alle Rechte vorbehalten)

Enttäuschung

(Zeichnung von A. Durrer)

„Meine Gondel hat doch auch schon Malheur gehabt, aber nie hat sich dann das Volk so begeistert wie bei Zeppelin."

Bild 15-28: „Meine Gondel hat doch auch schon Malheur gehabt, aber nie hat sich dann das Volk so begeistert wie bei Zeppelin." (Simplicissimus vom 24. August 1908)
Der Zeichner Olaf Gulbransson (Pseudonym A. Durrer) stellt Kaiser Wilhelm II. am Steuer eines Schiffes dar. Auf Graf Zeppelin deutend klagt er, dass das deutsche Volk nicht zur Übernahme persönlicher Opfer im Fall der Marine bereit sei, wie es bei Zeppelin war. Mit „meine Gondel" ist die Marinepolitik des Kaisers gemeint.

15

Unpolitische Karikaturen

Zeppeline und Ballone wurden natürlich nicht nur in karikaturistischen Kommentaren zur zeitgenössischen Politik instrumentalisiert. Diese faszinierenden Luftfahrzeuge boten mindestens soviel Stoff für humoristische Darstellungen aus vielerlei anderen Lebensbereichen. Im Folgenden ein kleines Kaleidoskop aus den vergangenen 100 Jahren.

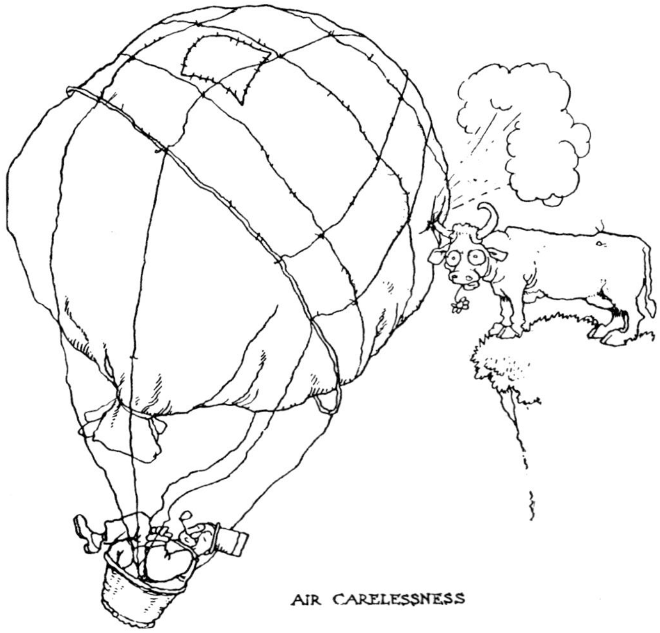

AIR CARELESSNESS

Tagträume von Aeronauten mit Rindviechern, z.B. eine Fahrt im Gebirge...

"Rate of climb seems poor today."

Zwiegespräche von Korb zu Korb...

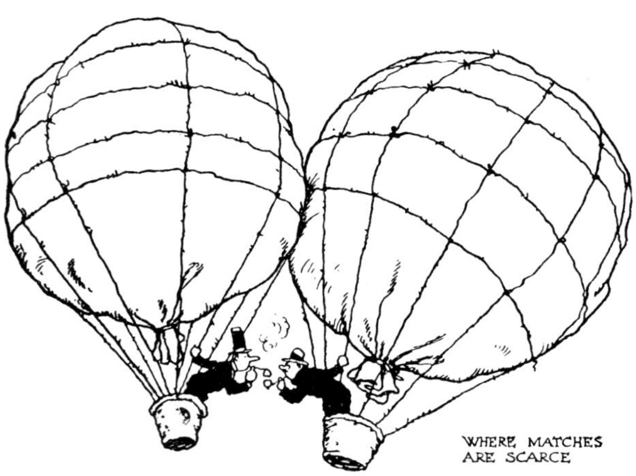

WHERE MATCHES ARE SCARCE

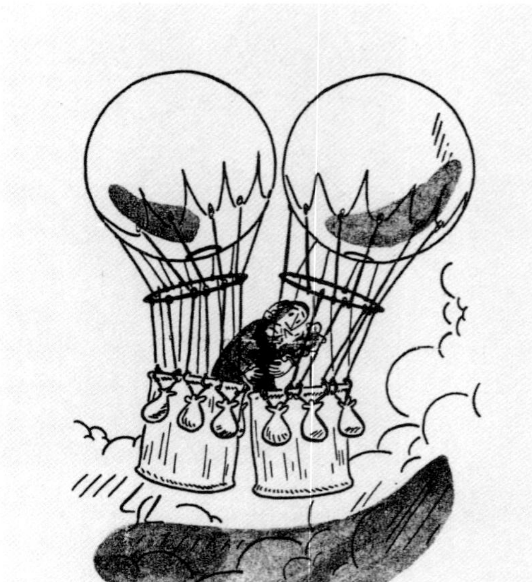

"Good-by, darling. Till tomorrow, then—same time, same place . . ."

COLLIER'S LEE LORENZ

Ein Ballon überflog um 6 Uhr ein Pfarrhaus,...

15

Dostelhuber's Luftreise auf der pariser Weltausstellung.

Von **F. Teuchmann.**

I.

Sie suchen einen Passagier?
Ich bin´s, der Dostelhuber hier.

Ballast wird hier nicht nötig sein,
Wenn steigt der Dostelhuber ein.

Der Dostelhuber freudig grüßt und ruft,
So schwer er ist, steigt doch er in die Luft.

Sie waren noch gar nicht weit geflogen,
Hat er sich zurückgezogen.

Das er Ballast sein soll, welch Graus,
Das gibt es nicht, da steig´er aus.

Der Dostelhuber zappelt mit den Füßen,
Thut unter sich den Grund vermissen.

Dostelhuber's Luftreise auf der pariser Weltausstellung.

Von F. Teuchmann.

II.

Drinnen kann er nicht mehr sitzen,
Außen fängt er an zu schwitzen.

Gesund ist es, Bewegung machen;
Bei der ist wohl ihm nicht zum Lachen.

Er hört nichts mehr, thut nichts mehr seh´n,
Ihm ist bereits genug gescheh´n.

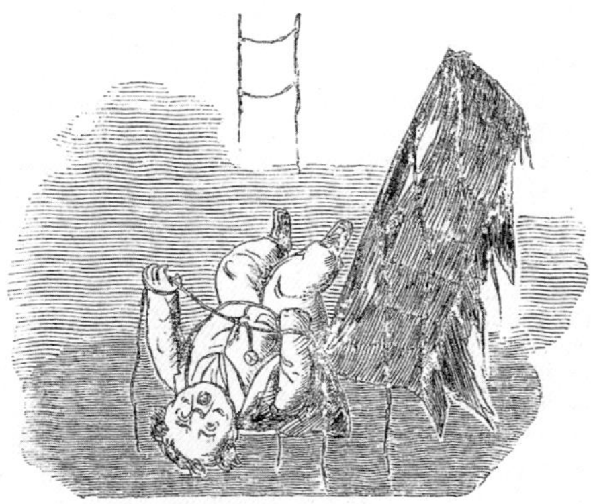

Was Dostelhuber jetzt sich hat gedacht,
Man hat es nie aus ihm herausgebracht.

Der Dostelhuber steckt im Fluß,
Der oben sieht nur einen Fuß.

O´ reißt auch Dir einmal der Strick!
Und brich, Du Teufel, das Genick.

15

Wo ist noch Sicherheit?
(Zeichnungen von O. Gulbransson)
Der Privatier Xaver Schlederer aus München begab sich am 27. Oktober, nachmittags 2 Uhr nach Harlaching
Der nichts Ahnende wurde von einem dahinrasenden Automobil erfaßt und auf der Stelle getötet
Auf diese schnelle und rohe Weise von dieser irdischen Hülle befreit, schwebte die Seele Schlederers - übrigens Vater von sechs unmündigen Kindern - zu den lichten Höhen empor
wurde aber auf halbem Wege von einem sausenden Luftschiff überfahren und in Stücke gerissen

„Ballon-Physiognomien"
von F. Boscovits, jun.
Quelle Nebelspalter, Zürich 1909, Jg. 35

1. Die Hochzeitsreisenden fliegen in den siebten Himmel
2. Der Aristokrat bewegt sich nur in höheren Spären
3. „Sapperment, jetzt geht mir die Luft aus"

„Kritische Situationen"

15

Luftballonisches und Ballon-Typen…

„Du, der da braucht man auch nur einen Korb anzuhängen, dann ist der Luftballon fertig.
Nebelspalter, Jg. 35, Nr. 39, 1909

Gordon-Bennett, 3. Oktober 1909, Zürich

Modekarikaturen, /43/

Zur Lenkbarkeit von Ballonen und Luftschiffen

Auch ein klassisches Thema der Luftschiff- und Ballonkarikatur war die ewige Frage nach der möglichen Lenkbarkeit solcher Fahrzeuge. Hier einige sehr phantasievolle Bilder, aber auch mit spitzer Feder gezeichnete Karikaturen zum Thema.

Bild 15-13:
„Der Mann im Mond."

Bild 15-12:
„In Afrika ist es nicht immer windig."

Bild 15-14:
Ein perfektes Mittel, um Ballone zu lenken."

15

„Du Schorsch, wollen wir links oder rechts beim Mars vorbeifahren?“ Quelle: Lustige Blätter, III. Aeronautische Mitteilungen, VII. Jg. 1903, Heft 12

Das Schnauferl, III. Aeronautische Mitteilungen, VIII. Jg. Februar 1904 Heft 3

Bild 15-18: Vorstellung über den Luftschiffverkehr im Jahre 2000.

Bild 15-29: „Aus Berlin wird berichtet, daß es endlich gelungen ist, ein wirklich lenkbares Luftschiff herzustellen." (Simplicissimus, Zeichnung von Th.Th. Heine)

Bild 15-30: „Das bayrische Kriegsministerium hat bis jetzt das lenkbare Luftschiff perhorresziert (verabscheut). Dagegen hat das Kultusministerium ein älteres Modell angekauft, um es bei Prozessionen zu verwenden." (Simplicissimus, Zeichnung von R. Graef)

Literaturverzeichnis:

/1/		Handbuch-Katalog, „Auf dem Weg in die Moderne" - Aachen in der französischen Zeit, 1792- 1814. T. Kraus, Verlag des Aachener Geschichtsverein, 1994
/2/	Thomas Zacharias:	Empor zu Wind und Wolken, Nürnberg 1961
/3/	John Boesman:	Fabulous Ballooning, The Hague Netherlands Aeronautical Museum, 1966
/4/	Hermann Hoernes:	Buch des Fluges, Bd. I bis III, Wien 1911
/5/	Peter Kleinheins:	Wie man versuchte, Pralluftschiffe starr zu machen, Proceedings of International Airship-Conference, Stuttgart, June 24./25. 1993
/6/	Wolfgang von Zeppelin:	Das Zeppelin NT-Projekt, Sonderdruck aus „Der Adler" Nr. 4/95, 53. Jahrgang, Monatsschrift für Luftsport und Luftfahrt
/7/	Nancy Winters:	Man Flies, Master of the Balloon, The Story of ALBERTO SANTOS-DUMONT, London 1997
/8/	Hans Rosenkranz:	Ferdinand Graf von Zeppelin - Die Geschichte eines abenteuerlichen Lebens, Berlin 1931
/9/	J. Schütte	Der Luftschiffbau Schütte-Lanz 1909-1925, München 1926, Reprint von W. Borschers 1995
/10/		„Lifter News, CargoLifter", Information rund um den CargoLifter, Sept. 1999
/11/	Armin Litz Willi Hallmann	Support of the Lift Force by Heating the Buoyant Gas and the Air in the Ballonet and Compensation of Ballast Reached by Condensers at the Airship. Proceedings of the International Meeting to Technologies and Capabilities of Dirigibles. Trento-Italy, 14./15./16. March 1995, Aeronautical Museum „Gianni Caproni"
/12/	Willi Hallmann Wilhelm Zirbes	Development of a Hotair-Airship - Perceptions of Model Tests - 2. International Airship Conference, Friedrichshafen, Juli 1996

/13/	J. Marc Culas	Romantic Ballooning, Freudenstadt 1993
/14/	Willi Hallmann Friedemann Suttrop	HOT AIR AEROSTATIC VEHICLE TECHNOLOGY DGLR - Proceedings 91-02 International Symposium, Febr. 1991, Aachen
/15/	Willi Hallmann	„Extension of hot air balloon flight duration through adaption of balloon surface characteristics", The Aeronautical Journal of the Royal Aeronautical Society, Dez. 1986
/16/	Willi Hallmann	Grundlagen der Luftfahrzeugtechnik in Theorie u. Praxis, Sonderband II/S Ballone, Köln 1992, Erstellt im Auftrag des Bundesministers für Verkehr
/17/	Willi Hallmann Uwe Herrmann Susanne Hallmann	„Hüllenmaterialien von Gasballonen/Luftschiffen unter dem Gesichtspunkt der Belastbarkeit durch Sonneneinstrahlung", Luftschiff-Kolloquium II, Mai 1994, Lübbenau Veranstalter: DGLR-FA, LTA und interner Forschungsbericht IB-GB 03 für das LBA, Dez. 1994
/18/	Rick Archold Ken Marschal	Hindenburg, an Illustrated History, 1994
/19/	A. Licklederer	Bericht über begleitende Untersuchungen bei der Erprobung des Luftschiffes WDL 1 in Ghana und Obervolta, Interner Bericht der DFVLR, IB 536/77-1
/20/	E.H.L. Dürr	25 Jahre Zeppelin-Luftschiffbau, Berlin 1925
/21/	Werner Bleines	Sauerstoff und Atmungsvorrichtung für die Luftschiffahrt, Illustrirte Aeronautische Mitteilungen, 06.10.1909, Heft 20
/22/	W. Behringer C. Ott-Koptschalijski	Der Traum vom Fliegen - Zwischen Mythos und Technik -, München 1991
/23/	Hans-Christian Gunga	Leben und Werk als Berliner Physiologen Nathan Züntz (1847-1920), Mathiesen Verlag, 1989
/24/	R. Süring	Wissenschaftliche Ballonfahrten, Berlin 1895, Nr. 36, Sammlung populärer Schriften

/25/	W. Dräger	Atmungsgerät für Höhenflüge, Luftpost Nr. 52, 28. Dez. 1919
/26/	B. Dräger	Über Sauerstoffinhalationen bei Hochfahrten Illustrierte Aeronautische Mitteilungen VIII. Jg., Aug. 1904, Heft 8, S. 249
/27/	Hermann V. Schröter	Zur Physiologie der Hochfahrten, Berliner Verein für Luftschiffahrt, Dito vor: Jan. 1904, Heft 1, S. 14
/28/	Karl Riha	Reisen im Luftmeer. Ein Lesebuch zur Geschichte der Ballonfahrt, München 1983
/29/	Erich Schröder	Oskar Erbslöh, Ein rheinischer Luftfahrt-Pionier, Deutscher Aero-Philatelisten Club e.V. Köln, 1992
/30/	Hildebrandt	Die Erforschung des Luftmeers, Die Woche, Nr. 38, Berlin 1907, Moderne illustrierte Zeitschrift
/31/	A.M. Buis	De Poolvlucht von de „Graf Zeppelin", Amsterdam, Allert de Largo 1931
/32/	Willi Hallmann K.R. Schreitmüller	Dikussionsstudie zur Auslegung eines Leistungsballons für die Stratosphäre und eines Lastenballons (bis 600 to), Vortrag zur DGLR-Jahrestagung, Flugsysteme leichter als Luft Sept. 1996, Dresden
/33/	Albert Bornnier	S.A. Andrée, Dem Pol entgegen, Leipzig 1930
/34/	Per Olof Sundmann	Ingenieur Andrées Luftfahrt, Zürich 1989
/35/	Franz Behounek	Sieben Wochen auf der Eisscholle, Der Untergang der Nobile-Expedition, Leipzig 1929
/36/	Leonhard Adelt	Die Luftpatrouille und Weltfahrt - von Luftschiffer Kapitän Ernst A. Lehmann, Leipzig 1936
/37/	Hermann Rex	Der Weltkrieg in seiner rauhen Wirklichkeit, Oberammergau 1926
/38/	Heinz Luedecke	Vom Zaubervogel zum Zeppelin, Berlin 1936

/39/	Wilhelm Hofinger	Die älteste Luftpost der Welt, Ballon-Kurier, 1957
/40/	Stefan Blumenthal	Grüße aus der Luft - 100 Jahre Luftfahrt auf den Postkarten, Stuttgart 1991
/41/	Hermann Walter Sieger	Zeppelin Post Katalog, 21. Aufl., Lorch/Württemberg 1995
/42/	Peter Meyer	Das große Luftschiffbuch, Elsbeth Rütten Verlag, 1976
/43/	Ben Marckworth-Praed	Aviation, the Pioneer Years, London
/44/	Willi Hallmann Uwe Herrmann Bernd Justen	Zusammenhang zwischen Windgeschwindigkeit, Seilkraft und Auslenkwinkel bei Fesselballonen, IB-GB/HLB 06, Mai 1996, über LBA u. BMV zu beziehen
/45/	Willi Hallmann Volker Elsen Sigi Lehnen	Testverfahren für Ballonflugeinheiten, Kurzfassung aus Ergebnisberichten, Abschlußbericht, Bearbeitet im Auftrage des LBA u. BMV, Aug. 1998, über LBA u. BMV zu beziehen
/46/	Michael E. Rentell	Modern Airship Projects - What, Who, Where? LBA-Kolloquium, 21.Sept. 2000
/47/	Frank Franke	Ballone, Fahren mit dem Erdwind, Frankfurt 1993
/48/	Rudolf Martin	Das Zeitalter der Motorluftschiffahrt, Leipzig 1907
/49/		Internationales Kolloquium der AERALL, Aerostat LTA 2000, 19. - 21. Oktober 1994, Toulouse, Frankreich
/50/	M. Jacobs W. Hallmann	DYNEEMA Yarns, Ropes and Fabrics, Application in Balloons, dito /49/
/51/	Jürgen K. Bock	Weiterentwicklung des AEREON-Luftschiffes in den Jahren 1963-1971, DGLR-Workshop II vom 17./18. April 1998, DGLR-Tagungsband, Flugsysteme LTA
/52/	Dorothea Haaland et al.	Leichter als Luftballone und Luftschiffe, Bonn 1997
/53/	Willi Hallmann Engelbert Plescher	Seilgefesselte Flugkörpersysteme, Kap. 20 aus Handbuch der Raumfahrt, 2. Auflage, München 1999

/54/	Edgar Fuld	Van ICARUS tot Zeppelin, A.J.G. Strenghold, Amsterdam 1948
/55/	Engelbert Plescher Volker Elsen Willi Hallmann	Vielkanalige synchrone Messung der dynamischen Kräfte in den Tragseilen eines Heißluftballons bei der Landung, Meßtechnische Briefe (MTB) - 32/1966, Heft X, „Zeitschrift für das Elektrische Messen mechanischer Größen", MBM, Darmstadt
/56/	Siegfried Ruff Martin Ruck Gerhard Sedlmayr	Sicherheit und Rettung in der Luftfahrt, Koblenz
/57/	Wolf Röger Philippe Stabenau	„Glider Recovery and Pilot Rescue Systems", Technical Soaring, Vol. 18, No. 2, April 1996, pp. 17-22
/58/	Wolf Röger Philippe Stabenau	„Requirements for Parachutes of Glider and Pilot Rescue Systems", Technical Soaring, Vol. 19, No. 4, Oct. 1995, pp. 106-112
/59/	Helmut Schubert	Lenkballone vor Zeppelin, DGLR, 1992
/60/	Carl Hildebrandt	Luftschiffer 1900-1937, Die Ballontruppen der Schweizer Armee, Wabern 1992
/61/	Franz M. Feldhaus	Bezwinger der Lüfte, Reutlingen/Stuttgart 1910
/62/	Paul Wider	Menschen und Ballone, Esslingen, 1993
/63/	Bernhard Korzus	Leichter als Luft Zur Geschichte der Ballonfahrt, Ausstellungskatalog Landschaftsverband Westfalen-Lippe u.a.
/64/	Albert Sammt Peter Kleinheinz Wolfgang von Zeppelin	Mein Leben für den Zeppelin, Wahlries 1994

Weitere Literatur:

Albert Seaton	Die Armeen des Deutschen Reiches 1870-1888 Bd. 7, Verlag: wehr und wissen, 1980
Armin Hermann	Technik und Kultur in 10 Bänden Wilhelm Dettmering Verlag: VDI, Herausgeber: Georg-Agricola-Gesellschaft
Leonard De Vries	Kl 50, Logboek von Vis Fig Jaar Vliegen, 07.10.1969, KLM, 1919-1968
Dr. P.A. Th. M. Jaspers	J.P. Minckelers, 1748-1824, Stichting Historische Reeks, Maastricht
Wolfgang Lochner	Als die Luftfahrt noch ein Abenteuer war, Verlag: F. Bruckmann KG., Münschen
H. Erdmann	Chemische Grundlagen der Luftschiffahrt, Illustrirte Aeronautische Mitteilungen, 1909, S. 316
	Nebelspalter, Illustrirtes humoristisches Wochenblatt, 25. Sept. 1909, 35. Jahrg., Nr. 30
vom Hagen:	Über Heißluftballons und einige Abarten derselben, Zeitschrift für Luftschiffahrt, Berlin, 3. 1804, S. 367
Heinz Straub	Fliegen mit Feuer und Gas, AT-Verlag, Aaron (Schweiz) 1984
Willi Hallmann Uwe Herrmann Bernd Justen et. al.	Zwei Kurzbeiträge zum Heißluft-Luftschiff (HLLS) a) Zerreißfestigkeit genähter Hüllen unter Temperatureinfluß b) Information über Belastungen Mensch und Gerät beim Freifall einer HLLS-Gondel, Vortrag zur DGLR-Sitzung am 25. Sept. 1996 auf DGLR-Jahrestagung in Dresden, LTA

Index

Namensregister